Repérer et accompagner les troubles du langage

Outils pratiques, mesures pédagogiques, adaptatives et rééducatives

La ***Chronique Sociale*** est à la fois un organisme de formation et de recherche et une maison d'édition. Fondée à Lyon en 1892, elle s'est préoccupée dès ses origines de sensibiliser aux évolutions de la société et de suggérer une organisation de la vie collective, plus solidaire et plus respectueuse des personnes.

Actuellement, les ***Éditions de la Chronique Sociale*** publient des ouvrages et des jeux pédagogiques qui contribuent à mettre en œuvre ces orientations. Issus de pratiques professionnelles et sociales, ils sont au service de tous ceux qui s'efforcent de mieux comprendre le monde.

Chacun pourra s'approprier ces outils et les utiliser, tant pour son développement personnel que pour une action collective efficace.

Couverture : Clément et Étienne

Responsable des Éditions : André Soutrenon

Correction : Monique Huissoud, Roland Chabert

Imprimeur : Imprimerie Présence graphique

Chronique Sociale, Lyon
Dépôt légal : Février 2008
N° d'impression : 020826732

Imprimé en France

Dominique-Anne Romagny

Préface de Olivier Revol
Avant-propos de Claude Chevrie-Muller

Repérer et accompagner les troubles du langage

Outils pratiques, mesures pédagogiques, adaptatives et rééducatives

2e édition revue et augmentée

Savoir communiquer

l'essentiel

Chronique Sociale
7, rue du Plat - 69002 Lyon
Tél. : 04 78 37 22 12

Repérer et accompagner les troubles du langage

Outils pratiques, mesures pédagogiques, adaptatives et rééducatives

Préface

Le langage oral intervient très tôt dans les interactions mère-bébé et participe activement au développement de la personnalité ; moyen incontournable d'intégration sociale, il s'impose dès la maternelle comme l'instrument fondamental de l'accès à l'autonomie. Durant les classes primaires, la plupart des évaluations scolaires s'appuient sur le langage oral et écrit. Les enfants porteurs de troubles spécifiques risquent alors d'être mal compris par les enseignants, et de voir leurs compétences sous-évaluées. Dans tous les cas, ce retard de diagnostic est préjudiciable tant au niveau cognitif que sur le plan affectif ; on sait en effet que l'École est doublement impliquée dans l'accompagnement de l'enfant, avec une mission d'apprentissage et une fonction de socialisation ; la méconnaissance des difficultés langagières, ou leur reconnaissance tardive présentent un risque réel pour l'équilibre affectif et cognitif des enfants « dys ».

Le champ d'action de l'institution scolaire est immense : formation des enseignants, détection précoce des enfants en difficulté, mise en place d'aides pluridisciplinaires (Projet Individuel d'Intégration)...

Tous ces aspects sont actuellement largement renforcés par la mise en pratique des conclusions du rapport « Ringard » ; les contacts parents-enseignants-rééducateurs-médecins s'intensifient, tandis que, autour des Centres de référence des troubles d'apprentissage, s'organisent des projets de formation regroupant tout ceux qui se sentent concernés par les difficultés scolaires.

L'ouvrage de Dominique-Anne Romagny répond à une partie de ces attentes en proposant aux professionnels et aux parents des outils simples, concis et synthétiques, susceptibles d'alerter les adultes et d'orienter les enfants. La présentation sous forme de « fiches » permet une approche rapide et lisible des repères indispensables, ce qui devrait faciliter le dépistage et permettre un diagnostic que seule l'orthophoniste reste habilité à porter.

L'enfant porteur de troubles du langage est gêné dans ses apprentissages et ses relations sociales ; pourtant, si sa capacité d'apprendre et de comprendre est différente des autres enfants, sa volonté de savoir est identique ; ne pas le reconnaître nuit gravement à sa santé psychique.

En permettant de sensibiliser l'ensemble des acteurs intervenant autour des troubles d'apprentissage, ce livre prend place dans une logique nouvelle et vivifiante, d'intégration de tous les enfants « à besoins spécifiques ».

Olivier Revol
Chef de Service de neuro-psychiatrie de l'enfant
Responsable d'un Centre de Référence des Troubles d'Apprentissage
Hôpital Neurologique, Lyon

Avant-propos

On voudrait replacer l'ouvrage de Dominique-Anne Romagny dans une perspective historique et évidemment dans le contexte actuel où s'affirme une préoccupation pour la reconnaissance des difficultés de langage de l'enfant dès le plus jeune âge.

Les penseurs, les écrivains, ont depuis des siècles été conscients de la merveille que constitue l'éclosion du langage (« ... J'ai toujours été émerveillée du premier verbe que j'ai entendu prononcer aux petits enfants. » George Sand[1]). Et l'on se préoccupait aussi de ceux des enfants qui ne parlaient pas, parlaient tard, parlaient mal. Un grand pas fut franchi grâce à la réflexion et à l'action de l'Abbé de l'Epée[2] pour ceux d'entre eux qui souffraient de surdité. Mais ce fut essentiellement au XXe siècle, avec le développement de la psychologie de l'enfant, que l'on apprécia le « risque réel [que] représentent [les troubles de l'acquisition du langage] pour l'équilibre affectif et cognitif de l'enfant. », selon les mots mêmes du Docteur Olivier Revol dans la Préface du présent ouvrage.

Les recherches des linguistes, des neuropsychologues, des pédiatres et pédopsychiatres, et aussi des neurobiologistes, des généticiens, ont pris de plus en plus d'ampleur. Elles ont aidé à la mise en évidence des principales causes de troubles d'acquisition du langage, jusqu'à buter sur ces « troubles spécifiques » dont on s'efforce maintenant de comprendre l'origine. Ces recherches ont conduit à des applications diagnostiques et elles orientent les prises en charge pédagogiques et thérapeutiques. Un autre grand pas, franchi il y a maintenant quelques décennies, qui a permis précisément la mise en application de ces nouvelles connaissances sur le langage, a été le développement d'une profession entièrement dédiée à la clinique et à la « réparation » de la pathologie de la parole et du langage : orthophonie en France (et j'évoque avec admiration le rôle joué par Suzanne Borel-Maisonny), logopédie en Belgique, *speech therapy* dans les pays anglo-saxons... avec ensuite l'extension au-delà de l'Europe et des pays d'Amérique.

1. *Histoire de ma vie*. In Œuvres autobiographiques. Gallimard, La Pléiade, Paris. p.534.
2. *La véritable manière d'instruire les sourds et muets, confirmée par une longue expérience*. Fayard, Paris, 1984 (réédition de : *La véritable manière d'instruire les sourds et muets, confirmée par une longue expérience* par M. L'abbé *** Instituteur des sourds et muets de Paris. À Paris chez Nyon l'aîné, Libraire, rue du Jardinet. In-12. XXVI – 348 p.tabl. MDCCLXXXIV. Avec approbation et privilège du roi.

Nous en sommes arrivés maintenant à une nouvelle étape, non moins essentielle, et qu'illustre parfaitement le travail de Dominique-Anne Romagny. Se référant notamment aux travaux de recherche cités plus haut, les spécialistes de l'enfance, au premier rang desquels les orthophonistes, ont compris que les troubles devaient être diagnostiqués très précocement pour que la prise en charge ait le plus de chance d'efficacité. Ceci impliquait la notion de dépistage et d'intervention précoce destinée à prévenir les conséquences à court, moyen et long terme des difficultés de langage de l'enfant : conséquences sur la vie affective et sur la constitution de la personnalité, sur les apprentissages scolaires et sur l'avenir social et professionnel d'un individu. Parallèlement on a insisté sur le rôle de l'environnement de l'enfant dans le développement langagier. Rôle des parents (et des frères et sœurs), des assistantes maternelles, des puéricultrices de crèche et de Protection maternelle et infantile (PMI), des enseignants et enseignantes (avec l'immense chance que nous avons en particulier pour la période 3 à 6 ans de bénéficier d'une école maternelle « modèle » et préoccupée depuis longtemps du soutien langagier). Cet environnement s'élargit aux responsables de la santé (médecins, psychologues, et bien sûr orthophonistes) qui vont former et informer les adultes entourant l'enfant pour leur apprendre en quoi consistent l'éclosion et la constitution du langage, comment ils peuvent être un maillon essentiel dans le repérage d'une difficulté et comment encore ils sont à même de participer aux efforts pédagogiques et thérapeutiques. Nous ne voudrions pas terminer ce tour d'horizon de l'« environnement » sans faire le vœu qu'il soit le plus favorable possible ; comment ne pas parler ici de l'inégalité, due aux conditions économiques, dans l'accès au langage, dans la réussite scolaire et plus tard dans la vie du travail, inégalité encore plus dramatique pour ceux qui souffrent de troubles du développement.

Cette longue histoire nous amène tout naturellement à l'ouvrage de Dominique-Anne Romagny. Car elle a parfaitement saisi les enjeux et elle contribue par les informations et les conseils qu'elle transmet à réaliser des objectifs dont la nécessité n'est plus discutée : reconnaître précocement les difficultés et le faire en s'aidant du concours de tous ceux dont nous disions un peu plus tôt qu'ils « entourent » l'enfant, accompagner les parents, les enseignants, proposer des solutions, y compris celles qui paraissent les plus simples et les plus évidentes, et qui sont trop souvent méconnues, donner des renseignements « pratiques »...

Nous avons été le témoin du sérieux avec lequel l'auteure a réalisé ce livre et mis au point les documents nécessaires, n'hésitant pas à remettre l'ouvrage sur le métier, pour atteindre la précision scientifique nécessaire. Nous savons aussi tous les contacts qu'elle a noués notamment avec les enseignants et les enseignantes ; son œuvre bénéficie de tels contacts autant que de son expérience de thérapeute. Elle rejoint le groupe de ses collègues qui ont élargi leur champ d'activité à la formation et à une large information des familles, des personnels de l'Éducation Nationale, des médecins, pour qu'on ne voit plus jamais une difficulté de langage rester trop longtemps méconnue et privée de l'accompagnement nécessaire.

Claude Chevrie-Muller
Médecin, Orthophoniste
Directrice de recherche émérite à l'Institut National
de la Santé et de la Recherche Médicale
Attachée au Laboratoire d'Étude sur l'Acquisition
et la Pathologie du Langage de l'Enfant
(Centre National de la Recherche Scientifique)
Hôpital de la Salpêtrière, Paris

Introduction

Cet ouvrage centré sur les troubles du langage de l'enfant vise à resserrer les liens de travail entre l'enfant qui présente ces troubles, ses parents qui vivent au quotidien les difficultés de leur enfant, et les professionnels de la petite enfance : les enseignants, les enseignants spécialisés de Réseau d'aide spécialisé pour enfants en difficultés (RASED), les orthophonistes, les médecins généralistes, les médecins scolaires, les médecins pédiatres, les médecins phoniatres, les psychologues scolaires, les auxiliaires de vie scolaire (AVS) et les assistantes maternelles.

Ce livre s'adresse aux **enseignants** désireux de préciser leurs connaissances dans le domaine du langage afin de mieux gérer le temps langage en classe, de mieux repérer les enfants porteurs de trouble de langage et de mieux les aider à s'adapter s'ils sont porteurs d'une anomalie importante.

Cet ouvrage propose une série **d'outils pratiques et concrets** que l'enseignant pourra utiliser :

- Avec **une classe ordinaire**.
- Ou avec **un enfant particulier** présentant **un retard simple de langage**.
- Ou avec **un enfant présentant un trouble spécifique du type dysphasie** et qui aura été **diagnostiqué** par des spécialistes et pour lequel l'enseignant devra appliquer des mesures adaptatives.

Cet ouvrage propose également **un livret langage** que l'enseignant peut remettre aux parents d'enfants en difficulté de langage. Il permet d'aider l'enseignant dans l'accompagnement familial.

L'enseignant peut à part entière participer au repérage d'enfant en difficulté de langage car il connaît bien l'enfant et celui-ci le connaît bien également. De plus toute la population enfantine passe entre ses mains. Claude Chevrie-Muller, médecin, orthophoniste, directrice de recherche émérite à l'Institut national de la santé et de la recherche médicale / laboratoire de recherche sur le langage, hôpital de la Salpêtrière, à Paris, « confirme l'intérêt de s'adresser pour un premier dépistage aux enseignants qui sont au contact quotidien avec les enfants et qui ont toutes les compétences pour apprécier leurs capacités. Une telle observation quotidienne pourrait même être de qualité supérieure à celle d'un examen individuel réalisé ponctuellement par une personne étrangère à l'enfant.» [3]

Cet ouvrage s'adresse également aux **médecins** et **psychologues** scolaires qui sont amenés à faire du dépistage de trouble du langage. Il leur propose des outils de dépistage et leur indique les procédures à suivre avec un enfant présentant un trouble sévère du langage.

Les **orthophonistes** pourront accompagner les parents en leur proposant également le livret langage. Ils trouveront des éléments de conduite de bilan du langage oral ainsi que des pistes de rééducation.

Les **auxiliaires de vie scolaire** et les **assistantes maternelles** appuieront leur connaissance dans le domaine du langage pour accompagner les parents et les professionnels dans leurs décisions.

Les **parents** trouveront des repères précis de l'évolution du langage de l'enfant. Soucieux du développement de leur enfant, ces repères leur permettront de se rassurer ou d'alerter les professionnels entourant leur enfant. Ils trouveront également, dans un livret langage, des conseils pour éveiller, voire aider leur enfant à développer son langage le plus harmonieusement possible, s'il s'avère que leur enfant est en difficulté. Ils sauront mieux quelle(s) orientation(s) donner ou vers qui se tourner en fonction des troubles que présente leur enfant.

Cet ouvrage a pour vocation de sensibiliser les personnes gravitant autour de l'enfant à travailler toutes ensemble pour le bien-être de l'enfant.

Travaillant auprès d'enfants présentant des troubles sévères et complexes du langage, nous rencontrons régulièrement les parents de ces enfants pour évoquer leur cheminement tout au long de l'année scolaire. Le parcours des enfants et de leurs parents avant de connaître un établissement spécialisé interpelle : le repérage de leur handicap est réalisé souvent trop tard en rai-

3. C. Chevrie-Muller. *Le retard d'acquisition du langage : dépistage précoce ou diagnostic ?* ANAE n° 66, Rennes, Mars 2002.

son d'une réelle difficulté d'appréhension de la notion de dysphasie dans les établissements scolaires non spécialisés.

Il est primordial de **repérer un trouble du langage** très tôt et de poser un diagnostic précis rapidement dans un centre de référence.

L'exemple de N. illustre les conséquences d'un repérage tardif :

Parcours de N.

- 2 ans : absence de langage.
  Non inquiétude du médecin de famille.
  Rendez-vous chez l'audiophonologue qui ne constate aucun trouble auditif.
  Conclusion hâtive du pédiatre : « trouble psychologique, comportement autistique ».
- 2 ans 1/2 : Prise en charge par un pédo-psychiatre.
- 3 ans : Début d'une thérapie avec un psychologue dans un Centre médico-pédagogique (CMP) pour cet enfant « psychotique ».
- 3 ans 1/2 : Entrée à l'école maternelle mais « N. est toujours incompréhensible et produit des crises impressionnantes lorsqu'il ne se fait pas comprendre », selon sa mère. L'institutrice refuse de prendre N. sans Auxiliaire de vie scolaire (AVS) et par conséquent, il ne fréquentera l'école qu'un quart de journée par semaine accompagné d'une éducatrice spécialisée du Centre médico-pédagogique.
- 5 ans : les parents décident de passer un bilan orthophonique.
- 5 ans 1/2 – 6 ans : l'orthophoniste se pose de plus en plus de questions et commence à parler de dysphasie. Le médecin de Protection maternelle infantile (PMI) parle également de dysphasie.

À ce moment-là, le pédopsychiatre oriente vers un neuro-pédiatre (d'un des centres de référence) qui, après une série de bilans, pourra poser le diagnostic de dysphasie. « C'est un soulagement de mettre un nom sur son handicap, le mot psychotique ne voulait rien dire et n'expliquait pas tout » (citation de la mère).

Ce témoignage montre quelle souffrance vivent les parents d'enfants dysphasiques diagnostiqués tardivement. L'enfant vit également une grande souffrance : « N. cherche une solution miracle pour devenir comme les autres. Il demandera une machine à écrire et se rendra compte qu'elle n'écrit pas toute seule, puis il demandera un médicament pour se soigner : d'après une publicité qui « fait sortir les maux de la bouche ».

Il convient également de faire attention à la terminologie utilisée face aux parents : le témoignage des parents de V. illustre ce problème.

Parcours de V.

- 2 ans 1/2 : Retard de parole qui inquiète les parents. Le médecin ORL confirme une absence de surdité.
- 3 ans 1/2 : Entrée à l'école maternelle. « V. donne à l'institutrice l'impression d'un enfant sourd » (d'après la mère).
- 4 ans : Rencontre avec un pédiatre qui oriente vers un Centre d'action médico-sociale précoce (CAMSP).
- 4 ans 1/2 - 5 ans : Après une longue période de bilan et d'observation, le CAMSP pose le diagnostic d'important retard de langage (ou dysphasie ?).
- 7 ans : confirmation du diagnostic de dysphasie par un des centres de référence.

Malgré un parcours bien moins chaotique, les parents souffrent d'une mauvaise interprétation, d'une incompréhension du terme de dysphasie. « Contrairement à beaucoup de parents soulagés par l'annonce du diagnostic après plusieurs années d'errance, pour nous c'était plutôt dur car nous pensions que notre fils avait **un retard de langage qui s'améliorerait avec le temps et la rééducation**. Nous avons pris alors la **mesure du handicap** qui le suivrait sûrement une bonne partie de sa vie. Nous nous sommes même demandés si nous entendrions un jour le son de sa voix articulant des mots » (citation de la mère).

> Il vaut mieux parler de l'existence d'un problème de langage ou d'une anomalie dans le développement du langage tant qu'un diagnostic précis n'a pas été posé par des spécialistes.

Il est également primordial d'avoir la **notion de plasticité cérébrale**. La prise en charge dès 3 ans est possible : ce qui ne sous-entend pas que « tout est joué avant l'âge de 6 ans » comme nous avons pu l'entendre antérieurement car évidemment l'enfant et même l'adulte poursuivent un développement cérébral tout au long de leur vie. Le cerveau de l'enfant est un organe en développement et non pas un cerveau adulte en miniature. Mais en « maturant » le cerveau perd de sa plasticité : les circuits neuronaux deviennent moins redondants, l'apprentissage entraîne une suppression des connections neuronales afin de permettre un traitement plus rapide de l'information ou de la tâche à réaliser. Tout n'est pas joué avant 6 ans mais il **vaut mieux stimuler, intervenir si nécessaire, plutôt qu'attendre en espérant que l'enfant mûrisse**.

Certaines fonctions cognitives se mettent en place à des périodes clés du développement de l'enfant : une mise en place trop tardive risquerait une diminution de la (ou les) performance(s) de la (ou les) fonction(s) concernée(s).

D'après Claude Chevrie-Muller « les acquisitions qui se situent à cette période du développement (3 – 3 1/2 ans) coexistent avec un moment d'intense maturation cérébrale… Au-delà de la période fertile les acquisitions se poursuivent, mais à une allure plus modérée ; elle n'ont plus le caractère explosif et massif de la période précédente. Au niveau cérébral la plasticité sera moindre, et les **processus de compensation pour les apprentissages, notamment, plus difficiles à mettre en jeu** ».[4]

Mais après avoir repéré un enfant présentant des troubles, les enseignants de la classe ou du réseau scolaire, le médecin ou le psychologue scolaire rencontrent la **difficulté d'annoncer** un retard de langage auprès de parents qui ne soupçonnent rien. Car cette annonce produit une remise en question de l'éducation apportée :

- Ils peuvent avoir l'impression d'être de « mauvais parents ».
- Les parents idéalisent l'école au début de la scolarité maternelle et ne s'attendent pas à des problèmes…

D'où l'intérêt de proposer un carnet de langage aux parents qu'ils pourront lire à tête reposée et qui les aidera à prendre conscience des difficultés de leur enfant à les accepter. Les parents pourront également remplir directement les grilles de développement du langage et de développement global, seuls ou avec l'enseignant ou l'orthophoniste. En tant que parents ou professionnels de la petite enfance il est important **d'être rassurés et rassurants pour l'enfant**. C'est dans cette assurance que l'enfant prendra confiance en lui et se développera harmonieusement :

---

4. C. Chevrie-Muller, *Le retard d'acquisition du langage : dépistage précoce ou diagnostic ?*, ANAE n° 66, Rennes, Mars 2002.

- Faire appel à des spécialistes. C'est une preuve de savoir-faire pour le professionnel. En aucun cas ses qualités ne sont remises en cause, car nul n'est responsable de la difficulté ou du handicap que présente un enfant.
- Savoir expliquer aux parents (par le biais de quelques connaissances dans le langage) qu'il vaut mieux intervenir tôt, le retard pouvant se combler très rapidement.
- Prendre le temps d'écouter les parents. Ils ne sont pas forcément prêts et réceptifs à entendre notre message. Prendre le temps d'informer. C'est par une écoute mutuelle que les difficultés peuvent s'estomper. Se centrer sur l'enfant sans négliger de communiquer à toute l'équipe les interventions extérieures qui lui sont prodiguées. La confiance mutuelle contribuera à la sérénité mutuelle.

Dans le cadre d'une expérimentation auprès de 82 enfants scolarisés en petite section de maternelle nous avons recensé en moyenne *un enfant par classe de 30 élèves en perturbation sévère du langage et du comportement et trois enfants par classe de 30 élèves en difficultés probables de langage et de comportement*. Ces résultats obtenus lors de la passation du Questionnaire Langage et Comportement 3 ans 1/2 (Chevrie-Muller) ne proposent évidemment pas de diagnostic de trouble du langage : ils suspectent simplement des troubles du langage. D'autre part, Claude Chevrie-Muller explique que « selon une revue systématique de la littérature la prévalence médiane des retards de la parole et du langage chez l'enfant est de 5,95 %. (Références : Law et al. Screening for primary speech and language delay : a systematic review of the literature *Int J Lang Commun Disor 1998, 33, 21-23)* ». Dans le rapport Ringard un chiffre de 5 % est fourni. Les chiffres dans les différentes études sont très variables (de 0,6 % à 33 %), selon qu'on ne tient compte que des retards importants et aussi selon qu'on retient ou non toutes les causes de retard de langage. Même si on retient 10 % dans une classe de 25 enfants : cela ferait 2 ou 3 enfants.

Ces résultats ne sont pas négligeables, nous ne pouvons pas ignorer cette pathologie. Les enseignants doivent être suffisamment informés et guidés pour mettre en place des mesures adaptatives qui aideront l'enfant en difficulté à se développer le plus harmonieusement possible. Plus nous interviendrons rapidement, plus nous aurons des chances de diminuer son trouble (prise en charge pluridisciplinaire).

Chapitre 1

Se positionner avec une échelle simplifiée de développement global

L'échelle simplifiée du développement global est un outil de référence pour **l'enseignant**.

Cette échelle permet de situer l'enfant en regard des performances de la majorité des enfants. L'enseignant peut ainsi plus facilement repérer un trouble et/ou s'interroger. Bien évidemment, le développement d'un enfant varie d'un sujet à un autre.

L'enseignant choisira le tableau correspondant à l'âge de l'enfant et, en fonction des résultats, pourra déterminer la tranche de développement global dans laquelle l'enfant se situe. Ce tableau pourra également lui servir de repère dans l'évolution de l'enfant. L'enseignant l'utilisera aussi comme point de comparaison parmi les enfants de sa classe.

L'orthophoniste pourra également utiliser ces grilles pour les remplir avec les parents durant le premier entretien.

Cette échelle permet d'éclairer **les parents** quant au développement de leur enfant. Mirelle Larose, orthophoniste et membre associé du Centre de recherche de l'Hôpital Sainte Justine (Québec), explique que « Déceler et identifier un problème de développement du langage implique au départ une bonne observation de l'évolution de l'enfant. Si le médecin et le pédiatre peuvent être d'un grand secours au niveau de l'identification d'un trouble langagier, c'est pour une large part aux parents que revient la tâche de déceler les indices s'y rattachant. Très souvent, en effet, c'est un trouble de langage qui pousse les parents à consulter un spécialiste… En règle générale, un trouble relié au langage n'est que la pointe de l'iceberg, le symptôme d'un problème sous-jacent qu'il faut déterminer. Cela dit, pour que le parent soit à même de déceler un quelconque trouble du langage, encore faut-il qu'il ait certains points de repère sur ce qui est jugé « anormal » dans le cours du développement de l'enfant à un âge donné »[5].

---

5. M. Larose, *Les actes du premier colloque sur l'audimutité*, AQEA, Québec, 1996.

⚠ Attention !

Ces grilles ne constituent pas un outil clinique ; elles n'ont pas de valeur diagnostique. Elles donnent des repères, des éclairages et ne doivent en aucun cas court-circuiter un diagnostic que seul un spécialiste (psychomotricien, orthophoniste, ergothérapeute, médecin neurologue, médecin phoniatre...) peut établir.

D'autre part, comme Claude Chevrie-Muller le souligne régulièrement, les repères donnés dans les échelles de développement ne sont pas des moyennes : elles doivent indiquer les performances obtenues par la moitié, ou mieux, par la majorité des enfants à un âge donné. Il existe des **variations individuelles**. De même, Éric Schopler, professeur à l'université de Caroline du nord (États-Unis), précise que : « Les pourcentages sont donnés pour signaler à l'examinateur qu'en utilisant ces tableaux pour estimer le niveau de développement de certaines activités ou compétences, il doit prendre soin de penser en terme de hiérarchie développementale approximative plutôt qu'en normes bien précises ».[6]

L'examinateur commencera à s'inquiéter lorsqu'une performance attendue pour 75% des enfants de l'âge concerné n'est pas acquise. L'examinateur surveillera attentivement jusqu'au stade chronologique des 90%. Évidemment lorsque plusieurs performances manquent pour un âge donné, l'examinateur s'inquiétera davantage.

Nous n'avons pas jugé nécessaire de démarrer cette échelle en dessous d'un an : l'enfant entre généralement à l'école à 2 ans 1/2 -3 ans et peut donc présenter, au pire, deux ans de retard de développement. Cela correspond alors à l'échelle de développement de 12 mois.

Le lecteur constatera dans les tableaux des différences d'âge pour un item donné en fonction des auteurs consultés. Cela prouve une fois de plus la variabilité d'une population à une autre.

---

6. É. Schopler, *Profil psycho-éducatif révisé*, DeBoeck Université, Bruxelles, 2002.

Étapes du développement global à 12 mois	**L'enfant n'a pas acquis** Nom .... Prénom .... Âge ....
Se tient debout seul sans appui au moins 10 secondes. *À 12 mois + ou – 1 mois 1/2 (Vaivre-Douret)* **Passe de la station debout à la station assise sans se laisser tomber.** *À 12 mois (Brunet-Lézine)* **Marche seul.** *À 14 mois (Brunet – Lézine)* *Entre 14 et 22 mois (Schopler)* *À 14 mois 1/2 + ou – 2 mois (Vaivre-Douret)* **Monte les escaliers à quatre pattes.** *À 14 mois (Brunet – Lézine)* **S'accroupit pour ramasser un jouet.** *À 15 mois +ou – 2 mois (Vaivre-Douret)* **Empile deux cubes.** *À 14 mois (Brunet – Lézine)* **Porte une timbale à deux (ou une) mains à la bouche.** *À 14 mois + ou – 1 mois (Vaivre-Douret)* **Introduit une perle dans une bouteille.** *À 14 mois (Brunet – Lézine)* *À 18 mois + ou – 1 mois (Vaivre-Douret)* **Assis au sol, jambes écartées, attrape facilement une balle lancée en roulant au sol.** *À 12 mois + ou – 1 mois (Vaivre-Douret)* **Montre du doigt (index) ce qu'il désire.** *À 13 mois + ou – 1 mois (Vaivre-Douret)* **Assis au sol, peut dévisser le bouchon d'une bouteille (démonstration).** *À 11 mois + ou – 1 mois (Vaivre-Douret)* **Recommence à faire des mimiques qui ont fait rire.** *À 10 mois (Brunet – Lézine)* **Localise une source sonore.** *85% des enfants localisent cette source entre 7 et 15 mois (Schopler)* **Gribouille sur du papier si on lui demande.** *À 14 mois (Brunet – Lézine)*	

Étapes du développement global à 18 mois	L'enfant n'a pas acquis Nom .... Prénom .... Âge ....
Sait monter sur une chaise. *80% des enfants savent entre 14 et 19 mois (Shopler)* **Pousse du pied un ballon.** *À 17 mois (Brunet-Lézine)* **Sait marcher à reculons.** *À 17 mois (Brunet-Lézine)* **Apprend la propreté le jour.** *À partir de 18 mois* **Boit seul et sait tenir une petite cuillère pour manger seul.** *À 17 mois (Brunet-Lézine)* **Peut tourner les pages d'un livre une à une.** *À 17 mois (Brunet-Lézine)* *À 20 mois + ou – 1 mois (Vaivre-Douret)* **Fait au revoir de la main.** *85% des enfants le font entre 17 et 23 mois (Schopler)* **Retire la perle de la bouteille en la renversant intentionnellement.** *À 18 mois + ou – 1 mois (Vaivre-Douret)* **Sait actionner un interrupteur.** *89% des enfants savent le faire entre 15 et 20 mois (Schopler)* **Empile trois cubes.** *À 17 mois (Brunet-Lézine)* **Ferme une fermeture à glissière (avec démonstration).** *À 19 mois 1/2 + ou – 1 mois (Vaivre-Douret)* **Effectue un gribouillage circulaire, assis devant une table.** *À 20 mois + ou – 2 mois (Vaivre-Douret)*	

Étapes du développement global à 24 mois (2 ans)	**L'enfant n'a pas acquis** Nom .... Prénom .... Âge ....
Court sans tomber. *À 20 mois (Brunet-Lézine)* *À 24 mois + ou – 1 mois (Vaivre-Douret)* **Sait donner un coup de pied dans un ballon sur ordre**. *À 24 mois (Brunet-Lézine)* **«Danse» à la demande (se dandine, tourne).** *À 23 mois + ou – 1 mois (Vaivre-Douret)* **Monte et descend les escaliers sans support et sans alterner les pieds.** *À 24 mois + ou – 1 mois (Vaivre-Douret)* **Enlève ses chaussons**. *À 22 mois + ou – 1 mois (Vaivre-Douret)* **Est propre le jour.** *À 24 mois environ* **Associe deux objets identiques**. *85% des enfants associent deux objets identiques entre 23 et 27 mois (Schopler)* **Graphisme : imite un trait.** *À 24 mois (Brunet-Lézine)* **Grande curiosité, passe d'un jeu à un autre.** *À 24 mois environ* **Manipule les jeux de rôle : faire semblant**. *À 20 mois (Brunet-Lézine)* **Utilise la pince pouce/index**. *91% des enfants réussissent entre 21 et 24 mois (Schopler)* **Enfile trois grosses perles sur un lacet.** *À 24 mois + ou – 1 mois (Vaivre-Douret)* *86% des enfants enfilent des perles entre 30 et 33 mois (Schopler)* **Fait une tour de 6 à 7 cubes**. *À 24 mois + ou – 1 mois (Vaivre-Douret)* **Sait se laver les mains**. *À 24 mois (Brunet-Lézine)* **Reconnaît les bruits familiers**. *80% reconnaissent des bruits entre 25 et 29 mois (Schopler)* **Tape dans ses mains plusieurs fois.** *88% des enfants entre 24 et 31 mois (Schopler)* **Aligne des cubes pour faire un petit train.** *À 24 mois (Brunet-Lézine)* **Associe une image à un objet**. *80% des enfants entre 24 et 27 mois (Schopler)*	

Étapes du développement global à 30 mois (2 ans 1/2)	**L'enfant n'a pas acquis** Nom .... Prénom .... Âge ....
Latéralité acquise au niveau de la main. *83% des enfants ont acquis cette latéralité entre 28 et 33 mois (Schopler)* **Saute à pieds joints.** *81% des enfants sautent à pieds joints entre 24 et 31 mois (Schopler)* *À 30 mois + ou – 1 mois (Vaivre-Douret)* **Coordonne ses deux mains pendant le jeu.** *86% coordonnent leurs deux mains entre 25 et 28 mois (Schopler)* **Se tient sur un pied.** *À 30 mois (Brunet-Lézine)* **Sait monter un escalier en alternant les pieds.** *À 30 mois (Brunet-Lézine)* *À 34 mois + ou – 2 mois (Vaivre-Douret)* **Sautille au moins 2 fois sur un pied.** À 33 mois + ou – 1 mois (Vaivre-Douret) **Met seul ses chaussettes et sa chemise.** *À 30 mois + ou – 1 mois (Vaivre-Douret)* **Enfile seul ses chaussons ou ses chaussettes.** *À 30 mois (Brunet-Lézine)* **Porte un verre d'eau et le pose sur la table.** *À 30 mois + ou – 1 mois (Vaivre-Douret)* **Se lave et s'essuie seul les mains.** *À 32 mois + ou – 1 mois (Vaivre-Douret)* **Tient son crayon entre les doigts.** *À 30 mois + ou - 1 mois (Vaivre-Douret)* **Imite un trait vertical et un trait horizontal.** *À 30 mois (Brunet-Lézine)* **Copie un rond.** *À 32 mois + ou – 1 mois (Vaivre-Douret)* **Encastre trois pièces de tailles différentes.** *82% des enfants réussissent entre 27 et 31 mois (Schopler)* **Fait une tour de huit cubes et sait empiler quatre cubes pour construire un mur.** *À 30 mois (Brunet-Lézine)* **Marche seul (au moins 6 pas) sur la pointe des pieds (démonstration).** *À 30 mois + ou – 1 mois (Vaivre-Douret)* **Imite les cris des animaux.** *88% des enfants imitent ces cris entre 28 et 35 mois (Schopler)* **Montre à quoi sert cuillère, crayon, gobelet…** *92% des enfants sont capables entre 28 et 33 mois (Schopler)*	

Étapes du développement global à 36-42 mois (3 ans - 3 ans 1/2)	**L'enfant n'a pas acquis** Nom .... Prénom .... Âge ....
Descend seul un escalier en changeant de pied. *À 42 mois + ou – 2 mois (Vaivre-Douret)* **Pédale sur un tricycle.** *À 36 mois + ou – 1 mois (Vaivre-Douret)* **Peut imiter l'action d'un adulte : se tourner les pouces, croiser les mains, regarder dans un tube…** *75% des enfants réussissent à 42 mois (McCarthy)* **Est propre la nuit.** *Entre 3 et 4 ans* **S'habille presque seul.** *À 38 mois + ou – 1 mois (Vaivre-Douret)* **Fait une tour de 10 cubes.** *À 42 mois + ou – 1 mois (Vaivre-Douret)* **Connaît cinq couleurs.** *90% des enfants identifient 5 couleurs entre 42 et 45 mois (Schopler)* **Reconnaît 14 images simples (vache, tasse, camion, poupée, crayon, clé, fleur, lampe…).** *95% des enfants reconnaissent ces images entre 42 et 45 mois (Schopler)* **Copie une croix.** *À 36 mois + ou – 1 mois (Vaivre-Douret)* **Apparition du premier bonhomme « têtard »** *Entre 3 et 4 ans* **Joue à imiter l'écriture de l'adulte par des graffitis.** **Commence à utiliser des ciseaux à bouts ronds.** *À 35 mois + ou – 1 mois (Vaivre-Douret)* **Présente une latéralité du pied.** *80% des enfants ont acquis cette latéralité entre 30 et 34 mois (Schopler)* **A de véritables conversations avec les autres enfants, se socialise.** *Entre 3 et 4 ans*	

Étapes du développement global à 48 mois (4 ans)	**L'enfant n'a pas acquis** Nom .... Prénom .... Âge ....
Bon équilibre général. Tient seul en équilibre sur un pied (au moins 5 secondes). *À 47 mois + ou – 1 mois (Vaivre-Douret)* **Bonne coordination œil / main.** **Utilise la fourchette aisément.** *À 47 mois + ou – 1 mois (Vaivre-Douret)* **Enroule, déroule, enfile des perles plus petites.** *Entre 4 et 5 ans* **Reconstitue un bonhomme découpé.** *81% des enfants réussissent entre 49 et 52 mois (Schopler)* **Trie par forme et par couleur.** *100% des enfants en sont capables entre 49 et 52 mois (Schopler)* **Assemble un puzzle de 4 morceaux géométriques.** *90% des enfants réussissent entre 46 et 50 mois (Schopler)* **Fait des entailles et découpe des bandes de papier.** *90% des enfants le font entre 46 et 50 mois (Schopler)* **Colorie sans déborder.** *91% des enfants colorient ainsi entre 51 et 54 mois (Schopler)* **Repasse sur les traits.** *88% des enfants repassent correctement sur des traits entre 44 et 51 mois (Schopler)* **Copie une ligne verticale.** *97% des enfants réussissent entre 46 et 50 mois (Schopler)* **Copie un carré.** *À 48 mois + ou – 1 mois (Vaivre-Douret)* **Place correctement 9 lettres sur un loto alphabet** (H, J, V, Z, U, E, Y, S, G). *88% des enfants réussissent entre 39 et 42 mois (Schopler)* **Joue avec les autres enfants.**	

Étapes du développement global à 60 mois (5 ans)	**L'enfant n'a pas acquis** Nom .... Prénom .... Âge ....
Bonne coordination des jambes (sauter d'un pied sur l'autre, tenir sur un pied, marcher sur une ligne... *82% des enfants ont une bonne coordination des jambes à 60 mois (McCarthy)* **Sait lacer ses chaussures.** *Entre 5 et 6 ans* **Copie un triangle.** *100% des enfants réussissent entre 67 et 69 mois (Schopler)* **Écrit son prénom en majuscules.** *84% des enfants réussissent entre 60 et 63 mois (Schopler)* **Sait monter les escaliers sans rampe.** *100% des enfants réussissent entre 61 et 65 mois (Schopler)*	

Étapes du développement global de 72 à 96 mois (6 à 8 ans)	**L'enfant n'a pas acquis** Nom .... Prénom .... Âge ....
Dessine le bonhomme complet. *100% des enfants dessinent ce bonhomme complet entre 70 et 74 mois (Schopler)* **Copie le losange.** *96% des enfants le copient correctement entre 72 et 76 mois (Schopler)* **Mémorise 6 images (mémoire immédiate).** *73% des enfants réussissent à 90 mois (McCarthy)* **Coordonne ses bras : lancer une balle dans une cible, attraper une balle...** *63% des enfants coordonnent leurs bras à 8 ans 1/2 (McCarthy)* **A envie d'apprendre.** *Entre 6 et 7 ans* **Différencie la droite de la gauche.** *75% des enfants différencient la droite de la gauche à 90 mois (McCarthy)* **Apprend à écrire en lettres cursives.** *Entre 6 et 7 ans* **Réussit un petit problème mathématique simple.** *80% des enfants réussissent à 8 ans 1/2 (McCarthy)*	

L'ensemble des échelles simplifiées de développement global présentées dans cet ouvrage a été rédigé à partir de nombreuses observations et de lectures. Les ouvrages suivant ont été notamment utilisés :

- O. Brunet, I. Lézine, *Échelle de développement psychomoteur de la première enfance*, ECPA, Paris, 2001. (Nous avons retenu dans nos tableaux l'âge auquel 50 à 90% des enfants, dans la population de référence, ont fait une acquisition).
- D. McCarthy, *Échelles d'aptitudes pour enfants, MSCA,* ECPA, Paris, 1977.
- É. Schopler, *Profil psycho éducatif révisé*, DeBoeck, Bruxelles, 2002.
- L. Vaivre-Douret, *Précis théorique et pratique du développement moteur du jeune enfant*, Développement fonctionnel moteur, ECPA, Paris, 1999. (Nous avons retenu dans nos tableaux l'âge moyen d'acquisition de l'étape de développement moteur avec plus ou moins un écart qui correspond à l'écart type donné par l'auteur).

Chapitre 2

Se positionner avec une échelle simplifiée du développement du langage

Cette échelle fournit des repères sur le développement du langage et permet à l'**enseignant** de s'inquiéter si l'enfant présente un retard en regard des performances obtenues par la majorité des enfants. Il est bien entendu qu'il existe des variations individuelles. Nous avons indiqué ces variations par des pourcentages de réussite aux différents items.

L'**orthophoniste** utilisera cette grille pour compléter ou préciser ses résultats de bilan de langage, elle pourra également la remplir avec les **parents** durant le premier entretien.

Les indications d'utilisation sont identiques à celles énoncées lors de la présentation de l'échelle simplifiée de développement global (chapitre 1).

Pour connaître le nombre de mots utilisés par l'enfant, l'enseignant peut soit tester approximativement l'enfant (test de dénomination de Jean-Charles Juhel par exemple[7]) ou bien s'en référer à l'orthophoniste qui peut évaluer précisément le nombre de mots utilisés par l'enfant lors du bilan ou bien demander aux parents d'essayer de noter approximativement le vocabulaire utilisé par l'enfant, lorsque celui-ci est très jeune. Nous ne vérifierons évidemment pas si l'enfant possède 900 mots à 3 ans 1/2 ! Nous évoquons ces données concernant le nombre de mots acquis, afin de fixer les idées à propos du développement lexical de l'enfant.

⚠ Attention !

Ces grilles ne constituent pas un outil clinique et n'ont pas de valeur diagnostic. Elles donnent des repères, des éclairages et ne doivent, en aucun cas, court-circuiter un diagnostic que seul un spécialiste (orthophoniste, médecin phoniatre) peut établir.

D'autre part Claude Chevrie-Muller souligne régulièrement que les repères donnés dans les échelles de développement ne sont pas des moyennes : ils

7. J.-Ch. Juhel, Aider les enfants en difficultés d'apprentissage - *Test d'évaluation du langage oral*, Chronique Sociale, Lyon, 1998.

indiquent les performances obtenues par la moitié ou mieux par la majorité des enfants à un âge donné. La précision des pourcentages met en évidences les variations en fonction du rythme de développement de chaque enfant. Dans certains cas, des études donnent des résultats sous forme de moyenne mais en la complétant par l'*écart-type* **qui est un moyen statistique de rendre compte des différences entre les enfants à un âge donné.**

De même, Éric Schopler, précise que : « Les pourcentages sont donnés pour signaler à l'examinateur qu'en utilisant ces tableaux pour estimer le niveau de développement de certaines activités ou compétences, il doit prendre soin de penser en terme de hiérarchie développementale approximative plutôt qu'en normes bien précises ».[8]

D'après une étude effectuée par Sophie Kern, chargée de recherche au laboratoire dynamique du langage (Institut des sciences de l'homme, Lyon) l'auteur insiste sur la grande variabilité des productions d'un enfant à l'autre : « Le vocabulaire d'un enfant serait donc en moyenne de quelques mots à 12 mois, d'une cinquantaine de mots entre 16 et 18 mois, de 200 à 300 mots à 24 mois pour enfin atteindre plus de 500 mots à deux ans et demi (Fenson et coll. 1993 ; Poulain-Dubois, 1997 ; Thordardottir & Weismer, 1996, par exemple). Mais de grandes variations dans la taille du lexique sont à noter chez des enfants appartenant à la même tranche d'âge, et ce, plus particulièrement à partir de deux ans. »[9]

L'examinateur commencera à s'inquiéter lorsqu'une performance attendue pour 75% des enfants de l'âge concerné n'est pas acquise. L'examinateur surveillera attentivement jusqu'au stade chronologique des 90%. Évidemment lorsque plusieurs performances manquent pour un âge donné, l'examinateur s'inquiétera davantage.

Claude Chevrie-Muller évoque que : « Tous les enfants ne réalisent pas ces acquisitions au même rythme : c'est la notion de différences individuelles, certains sont précoces et d'autres pas... Il est essentiel de connaître non seulement l'âge moyen des étapes importantes mais aussi celui à partir duquel la non acquisition doit attirer fortement l'attention, c'est-à-dire l'âge auquel la majorité des enfants ont franchi une étape déterminée ».[10]

Nous n'avons pas jugé nécessaire de démarrer cette échelle en dessous d'un an : l'enfant entre généralement à l'école à 2 ans 1/2 -3 ans et peut donc

---

8. É. Schopler, *Profil psycho-éducatif révisé*, DeBoeck Université, Bruxelles, 2002.
9. S. Kern, *Le compte rendu parental au service de l'évaluation de la production lexicale des enfants français entre 16 et 30 mois*, Glossa, Paris, 2003.
10. C. Chevrie-Muller, *Les troubles du langage oral et écrit*, CD Rom du CNEFEI de Suresnes, 2004.

présenter, au pire, deux ans de retard de développement. Cela correspond alors à l'échelle de développement de 12 mois.

Le lecteur constatera dans les tableaux des différences d'âge pour un item donné en fonction des auteurs consultés. Cela prouve une fois de plus la variabilité d'une population à une autre.

Étapes du développement du langage à 12 mois	**L'enfant n'a pas acquis** Nom .... Prénom .... Âge ....
Production d'un babillage canonique : mamama, patata, tokaba. *De 6-8 mois à 10 mois (Chevrie-Muller)* **Apparition de mots à l'intérieur du babillage, dit « papa, maman » sans différencier.** *50% des enfants le disent à 7 mois et 90% à 10 mois (Chevrie-Muller)* **Dit « papa », « maman » de façon spécifique pour chacun.** *50% des enfants le disent à 11 mois et 90% à 14 mois (Chevrie-Muller)* **Utilise un jargon (suite de syllabes) avec intonation pour imiter le discours de l'adulte.** *96% des enfants utilisent ce jargon à 14 mois (Chevrie-Muller)* **Produit 12 consonnes.** *92 à 95% des enfants en produisent à 12 mois (Vinter)* **Désigne un objet pour le demander.** *Plutôt à environ 15 mois (Chevrie-Muller)* **Secoue la tête pour dire « non ».** *À 12 mois (Brunet-Lézine)* **Dit un mot de deux syllabes.** *À 10 mois (Brunet-Lézine)* **Utilise deux mots en plus de « papa », « maman ».** *50% des enfants utilisent 2 mots à 12 mois et 90% à 15 mois (Chevrie-Muller)* **Répond à son prénom.** *88% des enfants comprennent leur prénom à 12 mois (Kern)* **Comprend : non ! (stoppe une action en cours)** *50% des enfants le comprennent à 7 mois et 90% à 10 mois (Chevrie-Muller)* **Comprend les ordres simples sans geste explicatif : « Lève-toi ».** *50% des enfants comprennent à 10 mois et 90% à 14 mois (Chevrie-Muller)*	

Étapes du développement du langage à 18 mois	**L'enfant n'a pas acquis** Nom .... Prénom .... Âge ....
Utilise 7 à 20 mots (autres que « papa, maman »). *50% des enfants utilisent 6 à 8 mots à 14 mois (Chevrie-Muller)* **Comprend une consigne simple : « Donne ton ballon ».** *50% des enfants comprennent un ordre simple à 10 mois et 90% à 14 mois (Chevrie-Muller)* **Désigne des parties du corps.** *50% des enfants montrent 5 parties du corps à 17 mois et 90% à 20 mois (Chevrie-Muller)* **Peut nommer deux ou montrer quatre images (du matériel de test).** *À 20 mois (Brunet-Lézine)* **Identifie trois objets (du matériel de test).** *À 17 mois (Brunet-Lézine)* **Sait dire « au revoir ».** *63% des enfants le savent à 18 mois (Kern)* **Parle avec un style télégraphique.** *À 20 mois (Chevrie-Muller)* **Produit des onomatopés (vroum, meuh..).** *78% des enfants en produisent à 15 mois (Brunet-Lézine)*	

Repérer et accompagner les troubles du langage, D.A. Romagny, Chronique Sociale

Claude Chevrie-Muller souligne qu'« Entre 12 et 20 mois les mots produits sont fréquemment réalisés avec des déformations caractéristiques du « parler enfantin ».[11]

11. C. Chevrie-Muller, *Les troubles spécifiques du langage oral et écrit*, CD Rom du CNEFEI de Suresnes, 2004.

Étapes du développement du langage à 24 mois (2 ans)	L'enfant n'a pas acquis Nom .... Prénom .... Âge ....
Association de deux ou plusieurs mots pour faire des phrases. *50% des enfants associent 2 mots à 19 mois et 90% associent 2 mots avec un verbe à 2 ans (Chevrie-Muller)* **Utilise son prénom quand il parle de lui-même ou d'un objet qui lui appartient.** *À 24 mois (Brunet-Lézine)* **Utilise 50 mots.** *50% des enfants utilisent 50 mots à 20-21 mois et 90% à 24-26 mois (Chevrie-Muller) 75% des enfants utilisent de nouveaux mots régulièrement (Rossetti)* **Comprend 300 mots.** *(étude réalisée d'après des parents : les résultats sont optimisés !)* **Sait dire « merci ».** *89% des enfants de 24 mois (Kern)* **Sait dire « au revoir ».** *81% des enfants de 24 mois (Kern)* **Sait dire « bonjour ».** *75% des enfants de 24 mois (Kern)* **Comprend un ordre double : donne-moi la cuillère et donne la balle à maman.** *50% des enfants le comprennent à 18 mois et 90% à 25 mois (Chevrie-Muller)* **Nomme 5 objets (ciseaux, brosse à dents, crayon...).** *89% des enfants les nomment entre 25 et 28 mois (Schopler)* **Donne 3 objets sur demande.** *82% des enfants réussissent entre 21 et 26 mois (Schopler)* **Emploie des mots d'action.** *100% des enfants les utilisent à 27 mois (Rossetti)* **Produit 9 consonnes différentes avec utilisation de groupe consonantique (avion, prend) et différentes structures de syllabes sont présentes (canard).** *70% des enfants produisent ce type de structure à 24 mois (Vinter)*	

Produit /p, t, m, n/ correctement en position initiale d'un mot. *75% des enfants réussissent à 24 mois (Vinter)*	
Produit /b, d, f, v/ en position initiale. *50% des enfants réussissent à 24 mois (Vinter)*	
Produit /t, m, r/ en position finale d'un mot. *50% des enfants réussissent à 24 mois (Vinter)*	
Remplace un phonème par un autre plus antérieur sur le plan articulatoire (coupé→toupé) *100% des enfants remplacent ce type de phonème à 24 mois (Vinter)*	
Transforme un phonème constrictif (f, s, ch) par un occlusif (p, t, k), (chat→ta). *70% des enfants transforment ce type de phonème à 24 mois (Vinter)*	

Repérer et accompagner les troubles du langage, D.A. Romagny, Chronique Sociale

Le système phonologique de l'enfant progresse très rapidement entre 2 et 3 ans : 70% des consonnes sont produites correctement à 2 ans et 88% à 3 ans.[12]

12. S. Vinter, *Dépistage précoce des troubles du langage : le développement phonologique de la naissance à deux ans*, CD Rom du CNEFEI de Suresnes, 2004.

Étapes du développement du langage à 30 mois (2 ans 1/2)	L'enfant n'a pas acquis Nom .... Prénom .... Âge ....
Utilise un pronom correctement : je, moi, son, il… *80% des enfants en utilisent entre 25 et 29 mois (Schopler)* **Produit des phrases de 3-4 mots avec des verbes et adjectifs.** *87% des enfants produisent des phrases de 3 mots à 27 mois (Schopler)* **Produit des phrases de 4-5 mots.** *80% des enfants utilisent ce type de phrase entre 29 et 33 mois (Schopler)* **Comprend des consignes doubles : « Mets un cube dans le verre et après, pose le verre par terre ».** *50% des enfants comprennent ce type de consigne à 18 mois et 90% à 25 mois (Chevrie-Muller)* **Comprend deux prépositions : dans, sur, derrière, devant, dessous.** *71% des enfants comprennent 2 prépositions à 2 ans 1/2 et 90% comprennent* sur *et* dans *entre 33 et 36 mois (Chevrie-Muller)* **Les voyelles sont acquises ainsi que la quasi-totalité des consonnes (production).** **Utilise le pluriel et l'article correspondant plus d'une fois (mes yeux, mes oreilles).** *89% des enfants l'utilisent entre 32 et 35 mois (Schopler)* **Emploie des types de phrases affirmatives, interrogatives.** *97% des enfants emploient ces types de phrases à 30 mois (Rossetti)* **Utilise la négation : ne, pas, ne…pas.** *97% des enfants l'utilisent à 30 mois (Rossetti)* **Emploie des articles féminins, masculins.** *100% des enfants les emploient à 33 mois (Chevrie-Muller)* **Répète correctement 2 mots sur 3.** *88% des enfants répètent correctement entre 28 et 35 mois (Schopler)* **Est capable de nommer huit objets et 10 images (du matériel de test).** *À 30 mois (Brunet-Lézine)*	

Étapes du développement du langage à 36-42 mois (3 ans - 3 ans 1/2) *Explosion lexicale et grammaticale*	**L'enfant n'a pas acquis** Nom .... Prénom .... Âge ....
Possède 400 à 900 mots (à titre d'information !).	
L'enfant maîtrise la structure fondamentale de la langue maternelle, il est capable de parler intelligiblement sans trop de fautes syntaxiques et morphologiques. *90% des enfants ont une parole intelligible pour des personnes non familières (Chevrie-Muller)*	
Répète au moins 3 syllabes correctement (ba, pa, la...). *84% des enfants répètent correctement entre 32 et 38 mois (Schopler)*	
Répète au moins 2 phrases courtes : je veux manger, il ne pleure pas... *89% des enfants répètent correctement entre 33 et 38 mois (Schopler)*	
Comprend la notion de comparaison. *85% des enfants ont compris cette notion à 40 mois (Schopler)*	
Écoute et comprend des histoires, apprécie les comptines.	
Comprend « bouche ». *98% des enfants comprennent ce mot entre 33 et 36 mois (BEPL, Chevrie-Muller)*	
Comprend « oreille ». *97% des enfants comprennent ce mot entre 33 et 36 mois (BEPL, Chevrie-Muller)*	
Comprend « genou ». *85% des enfants comprennent ce mot entre 33 et 36 mois (BEPL, Chevrie-Muller)*	
Comprend « sur ». *80% des enfants comprennent ce mot entre 33 et 36 mois (BEPL, Chevrie-Muller)*	
Comprend « dans ». *83% des enfants comprennent ce mot entre 33 et 36 mois (BEPL, Chevrie-Muller)*	
Utilise le « non » pour exprimer son opposition.	
Comprend une consigne complexe : « Montre moi la voiture verte qui pousse la voiture rouge ». *100% des enfants comprennent ce type de consigne à 41 mois (Chevrie-Muller)*	

Exprime des états physiques : avoir froid, faim, sommeil… *100% des enfants l'expriment à 36 mois (Rossetti)* **A beaucoup de choses à dire, raconte des expériences**. *100% des enfants racontent des expériences à 36 mois (Rossetti)*	

Repérer et accompagner les troubles du langage, D.A. Romagny, Chronique Sociale

➥ ***L'enfant est prêt à apprendre et entre dans une période de développement de la pensée : représentation, repérage dans l'espace et le temps, mémorisation, fonction symbolique.***

Étapes du développement du langage à 48 mois (4 ans)	**L'enfant n'a pas acquis** Nom .... Prénom .... Âge ....
A acquis tous les sons de la langue sauf /ch/ - /j/ / et /s/ – /z/ qui peuvent ne pas être différenciés par un peu moins de 50% des enfants de cet âge. *90% des enfants ont une parole totalement intelligible pour des personnes non familières (Chevrie-Muller)* **Parle sans erreurs grammaticales et syntaxiques sérieuses.** **Utilise des propositions relatives et des adjectifs, éprouve du plaisir à communiquer.** **Répète au moins 2 phrases simples : j'ai vu un avion voler très haut, bébé tape le ballon rouge...** *97% des enfants répètent correctement entre 46 et 51 mois (Schopler)* **Répète une série de 2 chiffres et une série de 3 chiffres.** *91% des enfants répètent correctement entre 45 et 50 mois (Schopler)* **Nomme 14 images simples : clown, lampe, sac, kangourou, skieur, cheval...** *88% des enfants nomment correctement entre 40 et 45 mois (Schopler)* **A la notion de différence mais ne comprend pas le mot 'différence' en général.** *(Chevrie Muller)* **Nomme 5 couleurs.** *97% des enfants les nomment entre 46 et 51 mois (Schopler)* **Sait raconter une histoire.** *(Chevrie-Muller)* **Utilise les pronoms personnels (je, tu, il, on, te, le).** **Utilise les pronoms possessifs (mon, ton, son).** **Utilise les prépositions de lieu.** **Utilise les prépositions avec adverbe de temps.** *À partir de 4 ans 1/2 (Chevrie-Muller)*	

Étapes du développement du langage à 60 mois (5 ans)	**L'enfant n'a pas acquis** Nom .... Prénom .... Âge ....
Comprend des phrases complexes du type : Bien que mon chien ait aboyé, le chat ne s'est pas sauvé.	
Répète au moins 2 phrases complexes : Avant de manger le dîner, je me lave toujours les mains ; Si tu restes tranquille, tu peux avoir un livre… *87% des enfants répètent correctement entre 58 et 62 mois (Schopler)*	
Répète une série de 4 chiffres et une série de 5 chiffres. *80% des enfants répètent correctement entre 60 et 63 mois (Schopler)*	
Nomme 9 lettres (H, J, V, Z, U, E, Y, S, G). *81% des enfants les nomment entre 62 et 66 mois (Schopler)*	
Identifie, désigne 9 lettres (H, J, V, Z, U, E, Y, S, G). *86% des enfants les identifient entre 65 et 67 mois (Schopler)*	
Sait compter jusqu'à 10. *83% des enfants savent entre 53 et 56 mois (Schopler)*	
Désigne correctement les 10 premiers nombres. *90% des enfants réussissent entre 60 et 64 mois (Schopler)*	
Sait lire 3 mots. *86% des enfants savent entre 68 et 72 mois (Schopler)*	

Étapes du développement du langage de 72 à 96 mois (6 à 8 ans)	L'enfant n'a pas acquis Nom .... Prénom .... Âge ....
Possède environ 10 000 mots. *(Chevrie-Muller)*	
Répète (mémoire immédiate) des mots et des phrases : lapin-cheval-café, le garçon mange ses tartines au petit déjeuner avant de partir à l'école... *82% des enfants ont cette capacité à 6 ans 1/2 (McCarthy)*	
Sait définir des mots : chien, directeur... *71% des enfants ont cette capacité à 7 ans 1/2 (McCarthy)*	
Lit au moins une phrase courte. *87% des enfants savent entre 71 et 75 mois (Schopler)*	
Lit une histoire sans faire beaucoup d'erreurs. *80% des enfants savent entre 72 et 76 mois (Schopler)*	
Comprend ce qu'il lit. *82% des enfants comprennent entre 75 et 80 mois (Schopler)*	
Lit et exécute une consigne écrite : Marie a pris la balle et l'a mise dans la boîte. « Fais pareil ». *92% des enfants réussissent entre 76 et 81 mois (Schopler)*	
Recopie 7 lettres. *93% des enfants réussissent entre 67 et 69 mois (Schopler)*	

Étapes du développement du langage de 8 à 10 ans	**L'enfant n'a pas acquis** Nom .... Prénom .... Âge ....
Formule tous types de phrases. **Production de phrases passives.** *100% des enfants en produisent à 9 ans (Chevrie-Muller)* **Raconte une petite histoire (mémoire immédiate) de 6 lignes environs.** *76% des enfants en sont capables à 8 ans 1/2 (McCarthy)*	

Repérer et accompagner les troubles du langage, D.A. Romagny, Chronique Sociale

L'ensemble des échelles simplifiées de développement du langage présentées dans cet ouvrage a été rédigé à partir de nombreuses observations et de lectures. Les ouvrages suivant ont été notamment utilisés :

- O. Brunet, I. Lézine, *Échelle de développement psychomoteur de la première enfance*, ECPA, Paris, 2001. (Nous avons retenu dans nos tableaux l'âge auquel 50 à 90% des enfants, dans la population de référence, ont fait une acquisition).
- C. Chevrie-Muller, J. Narbonna, *Le langage de l'enfant*, Masson, Paris, 1996. (Les repères chronologiques fournis dans cet ouvrage au chapitre 5 sont issus d'études françaises ou anglo-saxonnes réalisées dans des populations enfantines de grande taille, les références de ces études peuvent être consultées dans l'ouvrage).
- C. Chevrie-Muller, *Les troubles spécifiques du langage oral et écrit,* CD Rom du CNEFEI de Suresnes, 2004. (Même remarque que pour la référence précédente).
- C. Chevrie-Muller, A.M. Simon, M.T. Le Normand, S. Fournier, *Batterie d'évaluation psycholinguistique – BEPL A,* ECPA, Paris, 1988-1997. (Repères chronologiques de 2 ans 9 mois à 4 ans 3 mois)
- S. Kern, *Évaluation du langage avant 3 ans,* Laboratoire dynamique du langage, Lyon, 2004.
- D. McCarthy, *Échelles d'aptitudes pour enfants, MSCA,* ECPA, Paris, 1977.
- L. Rossetti, *The Rossetti infant toddler language scale*, East Moline, Illinois, LinguiSystem Inc, 1990. (D'après M. T. Lenormand).
- É. Schopler, *Profil psycho éducatif révisé*, DeBoeck, Bruxelles, 2002.
- S. Vinter, *Dépistage précoce des troubles du langage : le développement phonologique de la naissance à deux ans*, Les troubles spécifiques du langage oral et écrit, CD Rom du CNEFEI de Suresnes, 2004.

Chapitre 3

Définir les troubles du langage

Comme nous l'avons cité dans l'introduction de cet ouvrage, il convient de prêter attention à la terminologie employée afin d'éviter des erreurs d'interprétation. Les spécialistes des troubles du langage, médecins phoniatres, orthophonistes, logopèdes, utilisent une terminologie précise pour désigner des pathologies différentes.

L'orthophoniste peut être amenée à expliquer cette terminologie lorsqu'il rencontre les enseignants. Il peut donc s'appuyer sur les données qui suivent pour informer les enseignants.

Précisons cette terminologie pour mieux comprendre les différentes ano malies du développement du langage :

Le trouble d'articulation

D'après Suzanne Borel-Maisonny, fondatrice de l'orthophonie en France : « Les troubles articulatoires sont le fait d'une erreur mécanique constante et systématique pour un phonème déterminé ; erreur qui ne saurait être causée par une incapacité neurologique ni par une malformation organique ni par une déficience sensorielle ».

C'est un défaut de prononciation dû à une erreur de mouvement adéquat des organes bucco phonateurs lors de l'émission de la consonne ou de la voyelle à reproduire ; par exemple un mauvais positionnement de la langue dans la bouche. Il s'agit d'un trouble mécanique.

➢ *Exemple : zozotement, schlintement…*

C'est également l'incapacité pour un sujet de différencier deux sons : o/on ou p/b par exemple et de les substituer l'un pour l'autre (ne faisant pas de différence sur le plan perceptif ou ne sachant pas les articuler convenablement).

Le retard de parole

Le retard de parole se manifeste par des erreurs dans la réalisation phonétique des mots au cours de la chaîne parlée. C'est un retard d'évolution et non pas d'apparition des phonèmes.

Il s'agit donc d'un trouble phonologique avec des inversions de syllabes dans les mots, des sauts de syllabes, des remplacements de phonème par un autre…

➢ *Exemple : arbre → arb, spectacle → pestacle…*

La trop grande fréquence d'otites séro-muqueuses favorise l'apparition d'un retard de parole.

Le retard de langage

Il s'agit d'un trouble d'acquisition du langage au cours de l'évolution de l'enfant sur le plan linguistique : l'enfant n'est pas capable de réussir un assemblage correct et rapide des éléments syntaxique et sémantique dans le domaine de la compréhension et de l'expression.

Il s'agit d'un **trouble fonctionnel**, nous courons après le temps (c'est un retard) mais il n'y aura pas d'altération ultérieure sur la structuration du langage. D'après Claude Chevrie-Muller : « Les retards simples de langage vont se combler entre trois et cinq ans…On a fait l'hypothèse qu'il ne s'agirait que d'un retard de maturation, correspondant aux variations individuelles les plus extrêmes d'un développement normal ».[13]

Le retard de langage se manifeste par un lexique très pauvre, des confusions de mots, peu ou pas de construction syntaxique, des troubles de la compréhension…

➢ *Exemple : garçon promène chien, après va tomber, après va tout caca.*

La dysphasie

Il est très difficile de séparer distinctement un retard de langage d'une dysphasie car il existe une certaine continuité entre les deux. Néanmoins la dysphasie est un **trouble structurel** que Ch.-L. Gérard, médecin à l'hôpital Robert Debré (Paris), enseignant à la faculté de médecine Pitié-Salpêtrière (Paris), définit ainsi[14] :

- un déficit durable des performances verbales (la rééducation sera adaptative face à ce handicap). *D'où l'intérêt de connaître des mesures adaptatives que nous pourrons préconiser.*
- un déficit significatif en regard des normes établies pour l'âge (nous parlons de deux écarts types en dessous de la norme). *D'où l'intérêt de connaître les échelles de développement ou de pouvoir s'y référer.*

---

13. C. Chevrie-Muller, *Le langage de l'enfant*, Masson, Paris, 1996.
14. Ch.-L. Gérard, *L'enfant dysphasique*, De Boeck, Bruxelles, 2003.

- un déficit non lié à une déficience auditive, une malformation des organes phonatoires, une insuffisance intellectuelle, une lésion cérébrale acquise au cours de l'enfance, un trouble envahissant du développement, une carence grave affective ou éducative (il s'agit d'un diagnostic par exclusion).

En reprenant les termes de cette définition, nous constatons qu'il s'agit d'un déficit durable : nous ne pourrons que prendre des **mesures adaptatives** face à ce trouble handicapant. D'où l'intérêt de **poser un diagnostic rapidement** sur lequel l'enseignant puisse s'appuyer afin d'adapter la qualité de son enseignement à l'enfant présentant ce type de trouble.

Cette définition parle **d'un déficit significatif des performances verbales** (environ deux écarts types en dessous de la norme). Cela implique donc la connaissance d'une échelle de développement normal du langage et autres capacités cognitives afin de **pouvoir comparer, repérer, dépister et s'alerter si besoin.**

Ce trouble est suffisamment important pour **gêner la réussite scolaire**.

Ch.-L. Gérard compare le langage à une construction avec un cadre et un contenu : dans le retard de langage, le contenu de la construction est atteint, c'est un trouble fonctionnel, tandis que dans la dysphasie, c'est le cadre de la construction qui est atteint, c'est un trouble structurel durable, causé par un dysfonctionnement neurologique.

La dysphasie est diagnostiquée par le médecin phoniatre et/ou par l'orthophoniste à l'aide de différents tests de langage.

Il existe deux grands types de dysphasie qu'Aline D'Alboy, orthophoniste et neuropsychologue décrit ainsi :[15]

- La dysphasie réceptive (assez rare) caractérisée par un trouble majeur de la compréhension avec un trouble d'identification des bruits familiers, un trouble phonologique, un trouble de l'encodage syntaxique, un trouble d'évocation lexicale, un langage peu informatif.
- La dysphasie expressive qui, comme son nom l'indique, est caractérisée par des troubles de l'expression.

Ce type de dysphasie peut se présenter sous quatre formes :

- La dysphasie phonologico-syntaxique (la plus fréquente) se caractérise par une réduction verbale massive, un trouble phonologique, un trouble

15. A. D'Alboy, Orthophoniste, neuro psychologue, 10 chemin de l'Abbaye, 74940 Annecy le vieux. Cours sur les dysphasies, Université Claude Bernard, Lyon I.

de l'encodage syntaxique, une réduction lexicale importante, des troubles praxiques oro-faciaux, une compréhension peu perturbée mais qui peut être limitée, un langage tout à fait pragmatique.

→ La dysphasie de production phonologique avec une absence de réduction du langage, un défaut d'intelligibilité (le trouble phonologique étant aggravé par la répétition), un trouble de l'encodage syntaxique, un trouble de l'organisation du récit, un manque du mot (avec utilisation de conduite d'approche), parfois des troubles praxiques oro-faciaux, une bonne compréhension verbale, un langage informatif, un trouble de la concaténation (tâches séquentielles).

→ La dysphasie lexicale-syntaxique (dysphasie mnésique) est un trouble de la fonction de rappel et de la fixation, lié à une atteinte du contrôle sémantique. Les capacités mnésiques étant impliquées sur les versants expressif et réceptif, il existe des déficits sur les deux versants : l'expression orale est fluente et intelligible mais limitée par un manque du mot important ; la compréhension orale dépend de la longueur des énoncés.

→ La dysphasie sémantique-pragmatique avec troubles sur les versants sémantique et pragmatique du langage (vocabulaire inadéquat et utilisation de formules plaquées).

Dans le cas de dysphasie sévère, ces différents tableaux sont souvent intriqués et difficiles à distinguer (avec des troubles de l'encodage phonologique, des difficultés d'accès au lexique, des troubles de l'encodage syntaxique, des troubles de la fonction pragmatique du langage et (ou) des troubles de la motricité bucco faciale).

Les troubles de l'attention, de la mémoire, de la motricité, et/ou du comportement (hyper ou hypo activité) s'associent souvent à la dysphasie et sont directement liés au trouble neurologique. Il convient donc de compléter le bilan orthophonique par un examen neurologique, un bilan neuropsychologique, un bilan psychomoteur. Un test auditif sera pratiqué ainsi qu'un bilan orthoptique. Car l'enfant dysphasique peut présenter des troubles de perception auditive ou visuelle. Il faut donc vérifier si l'enfant entend, voit correctement ou bien si la difficulté se situe au niveau du décodage, de l'interprétation du stimulus. L'ensemble de ces bilans se pratique souvent dans les Centres de références.[16]

Outre le dysfonctionnement neurologique, l'hérédité entre en ligne de compte : il existe des familles de dysphasiques et/ou de dyslexiques. Certaines dysphasies peuvent aussi être attribuées à une naissance difficile avec des complications périnatales.

16. Liste des Centres de références en fin d'ouvrage.

Chapitre 4

Identifier les signes d'appel

Il faut se donner les moyens de diagnostiquer tôt les anomalies du développement du langage. Pour ce faire, l'enseignant, le médecin, l'orthophoniste, les parents doivent être à même de repérer ces anomalies.

Pour les repérer objectivement il convient de se référer à une échelle de développement et également d'être informé des **signes** qui doivent inquiéter l'enseignant, les parents, l'assistante maternelle, l'orthophoniste, le médecin scolaire, le psychologue scolaire, le médecin pédiatre, le médecin généraliste.

L'orthophoniste pourra se servir de ces tableaux pour interroger les parents ou l'équipe enseignante afin de mieux situer l'enfant et parfaire son bilan.

Relativiser l'importance des signes

➢ La présence d'un seul de ces signes chez un enfant ne devra pas faire suspecter un trouble. Et vice-versa, il est rare de rencontrer un enfant qui présente tous ces signes en même temps et heureusement ! Par contre l'association de plusieurs signes chez un seul enfant ou un décalage de deux ans par rapport à la moyenne de son âge dans l'échelle de développement devra alerter.

➢ La présentation d'une telle énumération d'indices d'anomalie n'a pour simple but que d'aider à l'identification précoce de troubles du langage. Ces indices permettent également de signaler un risque concernant un trouble des apprentissages scolaires : que ce soit dans le domaine du langage oral ou écrit, dans le domaine de l'attention, de la motricité ou de la précocité intellectuelle, etc. Ces tableaux constituent des outils mais ne permettent en aucune façon de poser un diagnostic (celui-ci sera posé par des professionnels spécialisés dans ce domaine).

➢ La perception personnelle des parents et de l'enseignant est très importante : ce qu'ils soupçonnent comme pathologique à l'égard d'un enfant est bien souvent fondé. Ces tableaux les aideront à confirmer ou infirmer leurs inquiétudes.

Rassurer les parents

- Certains enfants susceptibles de présenter des troubles de développement peuvent se normaliser par la suite. Mais il vaut mieux s'alerter à tort et infirmer le trouble plutôt que de passer à côté d'une pathologie qui se confirmerait et aurait pu bénéficier d'une rééducation précoce, en se disant « il va mûrir... ». Il ne s'agit pas d'hyper-médicaliser ou d'abuser de psychologie au quotidien, mais au contraire d'agir pour le bien- être de l'enfant.
- Des études menées sur de larges populations ont montré un lien entre une difficulté de langage en petites sections de maternelle et des difficultés dans les apprentissages scolaires aux cours préparatoire et élémentaire.
- Le fait d'être informé rassure énormément.

Rassurer l'enseignant

- L'enseignant ne doit pas se culpabiliser ou remettre en question ses pratiques professionnelles lorsqu'il se heurte à des enfants présentant des troubles des apprentissages.
- L'enseignant est capable de repérer des enfants en difficulté car il les côtoie quotidiennement (contrairement à un contact occasionnel qui ferait passer un test à un enfant qu'il ne connaît pas et qui ne donnera pas le meilleur de ses performances).

Observer l'existence de dissociations

- des secteurs d'activités où l'enfant réussit,
- d'autres secteurs où il échoue.

Par exemple :

- Il réussit très bien des exercices où il n'a pas besoin de parler, mais le niveau de langage est très déficitaire.
- Il a de fortes capacités en mathématiques mais il présente un déficit important au niveau du langage.
- Il lit convenablement mais présente des lacunes importantes à l'écrit.
- Il copie correctement mais l'écriture spontanée est catastrophique.

Signes d'alerte chez l'enfant âgé de 1 à 2 ans	**L'enfant présente ces signes** Nom .... Prénom .... Âge ....
Appréhension aux contacts physiques : réaction violente au toucher par autrui. Peut être signe de troubles sensitifs.	
Obsessions par un son ou un jouet en particulier avec peu d'intérêt aux autres stimuli.	
Absence de babillage canonique à 11 mois.	
Pas d'agencement de sons complexes, pas de juxtaposition de mots, faible variété de sons et production répétée des mêmes sons.	
Absence de production de la syllabe finale dans un mot.	
Trouble de la déglutition : l'enfant semble s'étouffer avec les aliments solides.	
Faible utilisation du geste ou du regard pour suppléer aux acquisitions insuffisantes de son langage (indicateur d'un problème réceptif).	
Absence de variation mélodique dans la production orale.	
Dissociation entre le tapping (frappé rythmique de la main sur une surface plane ; le tapping se met en place avant le babillage) et le babillage canonique.	

Signes d'alerte chez l'enfant âgé de 2 ans à 2 ans 1/2	**L'enfant n'a pas acquis** Nom .... Prénom .... Âge ....
Stock de mots inférieur à 50 – 100 mots. Ne dépasse pas le stade du jargon. Répétition persistante d'une même séquence de mots (inquiétant dans la mesure où l'enfant est créatif à cet âge-là). Mauvaise compréhension d'une phrase : l'enfant saisit un mot au passage mais ne sait pas ce qu'il doit faire. Par exemple il a compris que nous lui parlions de chaussures mais il ne sait pas ce qu'il doit faire. Fascinations ou phobies à l'égard de certains stimuli auditifs (vent, moteur...), stimuli visuels (couleurs, formes...), stimuli tactiles (texture mouillée, rugueuse...). (Ce signe est observé chez les enfants atteints de trouble du traitement symbolique réceptif). Confusions de bruits similaires comme la sonnerie de la porte ou celle du téléphone...Confusions qui pourraient plus tard retentir sur la conscience phonologique. Rigidité importante ou refus d'adaptation de la part de l'enfant à tout changement (ordinairement un enfant présente une forte capacité d'adaptation).	

Signes d'alerte chez l'enfant âgé de 2 ans 1/2 à 3 ans	**L'enfant n'a pas acquis** Nom .... Prénom .... Âge ....
N'essaye pas d'associer un mot avec un objet ou une image qui l'entoure. Parle encore de façon inintelligible. Essaye de communiquer mais uniquement par gestes car le langage lui demande trop d'efforts. Présence d'une rigidité des muscles faciaux avec une difficulté à contrôler sa salive.	

À cet âge-là le langage de l'enfant est compréhensible même s'il demeure des erreurs sur le plan syntaxique et morphologique. Ses phrases se structurent de plus en plus.

Signes d'alerte chez l'enfant âgé de 3 à 4 ans	**L'enfant n'a pas acquis** Nom .... Prénom .... Âge ....
Une stagnation ou une régression sérieuse des acquis lexicaux doit éveiller les soupçons. Des échanges non verbaux restreints (peu de mimiques, peu de gestes, fuite du regard). Absence de langage oral ou langage inintelligible. Absence de phrases construites (utilisation de mots isolés, style télégraphique). Tendance à l'écholalie. Contrairement à l'écholalie d'apprentissage du très jeune enfant (12 – 18 mois), l'écholalie pathologique serait un indice d'anomalie du développement du langage. Ne pose pas de questions, n'initie pas le discours. Troubles de la compréhension de consignes simples. Difficultés de mémorisation des comptines, des poésies, oubli de consignes. Recherche constante des mots : l'enfant a toujours le mot « sur le bout de la langue ». Mauvais cloisonnement du champ sémantique : exprime des choses hors contexte ou indirectement reliées au contexte (fauteuil/chaise…).	

Repérer et accompagner les troubles du langage, D.A. Romagny, Chronique Sociale

À 3 ans 1/2 un déficit du langage oral a deux avenirs possibles : soit il n'est que transitoire, soit il est révélateur d'un handicap ultérieur à prendre en charge efficacement.

Signes d'alerte chez l'enfant âgé de 4 à 5 ans	**L'enfant n'a pas acquis** Nom .... Prénom .... Âge ....
Saute du « coq à l'âne ». Répond avec difficultés aux questions ouvertes. Par exemple à la question : « *Que veux-tu manger ?* », la réponse est difficile car l'enfant n'a pas le choix de réponse alors que la question : « *Tu veux du pain ou du chocolat ?* », lui permet de choisir une réponse. Distingue difficilement les prépositions spatiales (sur, sous, dans) en expression. Nomme et reconnaît difficilement les couleurs.	

Le repérage est déjà tardif car l'enfant arrive au CP où il doit être prêt pour des apprentissages scolaires difficiles.

Signes d'alerte chez l'enfant âgé de 5 à 6 ans	**L'enfant n'a pas acquis** Nom .... Prénom .... Âge ....
Mots souvent déformés (inversion de sons, omissions, ajouts).	
Lexique pauvre, trouble de l'évocation, compensation excessive par le geste.	
Altération de la structure syntaxique.	
Troubles dans l'organisation du récit.	
Troubles de la compréhension (consigne, histoire).	
Troubles de la concentration, attention, mémoire.	
Difficultés pour ranger, classer.	
Troubles de l'organisation spatio-temporelle.	
Gêne dans la coordination motrice.	
Graphisme très maladroit.	
Troubles de la conscience phonologique (rimes syllabes…).	
Saisit difficilement les concepts abstraits (qualificatifs, prépositions, adverbes…) et surtout ceux se rapportant au temps (notion de durée, succession…).	
Difficultés à comprendre les consignes doubles.	
Produit des réponses hors contexte (« où est le chat ? » et l'enfant répond : « le chat est noir »).	

Apprend mieux en regardant faire les autres qu'en suivant les consignes verbales. Un enfant qui copie doit poser question : est-ce de la copie simple par manque de confiance en soi ou est-ce que l'enfant copie car il ne comprend pas les consignes orales et a besoin de regarder pour s'aider ? Le canal visuel est une voie d'accès conservée pour les enfants dysphasiques.	
Ne reproduit pas le rond, le carré, le losange.	
Ne reproduit pas trois sons dans l'ordre.	
Ne mémorise pas trois signes graphiques.	
Ne réussit pas une épreuve de rythme.	
N'a pas une bonne perception visuelle des couleurs, dimensions, formes.	
Ne connaît ni n'exprime les positions du corps (debout, couché), sur/sous.	
N'arrive pas à « lire » dans le sens correct avec des images ou des pions.	

Signes d'alerte chez l'enfant âgé de 6 à 7 ans	**L'enfant n'a pas acquis** Nom .... Prénom .... Âge ....
Mauvaise tenue du crayon. Nombreuses ratures. Lenteur, fatigabilité. *En février* : n'entre pas dans la combinatoire, troubles de la conscience phonologique. Mathématiques : trouble de l'acquisition des nombres. Persistance du retard de langage.	

Signes d'alerte chez l'enfant âgé de 7 à 8 ans	**L'enfant n'a pas acquis** Nom .... Prénom .... Âge ....
Difficultés à la copie. Sauts de lignes en lecture. Difficultés à mémoriser l'orthographe de mots nouveaux. Erreurs phonologiques en lecture et orthographe.	

Signes d'alerte chez l'enfant âgé de plus de 8 ans	**L'enfant n'a pas acquis** Nom .... Prénom .... Âge ....
Grande lenteur, fatigabilité, troubles de l'attention. Troubles d'orientation spatio-temporelle. Persistance d'erreurs phonologiques et/ou visuelles en lecture et orthographe (confusions, inversions, omissions, ajouts de phonèmes, confusions sémantiques). Sauts de ligne en lecture. Lecture et écriture phonétiques après le CE2. En orthographe : fautes d'individualisation des mots, fréquentes fautes d'usage. Difficultés à consolider un stock orthographique stable (mots invariables). Fréquentes erreurs d'application des règles grammaticales, catégories grammaticales confuses. Difficultés dans la copie et la prise de notes, nombreuses ratures. Vilaine écriture, douleurs vives du poignet et du bras, mauvaise tenue du crayon. Mauvaise compréhension de la lecture des leçons. Difficultés pour transcrire ses idées en expression écrite. Difficultés persistantes pour classer organiser, ranger. Difficultés dans la résolution de problèmes. Écart important ou discordance entre la capacité de compréhension et de réflexion et ce qui est exprimé à l'écrit.	

Autres signes d'alerte	**L'enfant n'a pas acquis** Nom .... Prénom .... Âge ....
Mobilité oculaire. Troubles attentionnels : troubles de l'attention soutenue et de l'attention sélective. Troubles de la concentration : élève facilement distrait. Troubles psychomoteurs : schéma corporel, orientation spatio-temporelle, dysgraphies, troubles visuo-spatiaux (représentation de figures géométriques). Troubles du comportement secondaire : inhibition, démotivation, désinvestissement scolaire, dépression, agressivité, troubles du sommeil…	

Certains signes peuvent sembler paradoxaux et ne permettent pas, à eux seuls, de déterminer simplement de quel trouble il s'agit. Ces signes manifestent seulement « la face cachée de l'iceberg » :

➢ Ainsi un enfant adoptant un comportement de retrait, provocateur et agressif évoque un développement autistique alors qu'en réalité il peut présenter des crises d'épilepsie nocturnes passant inaperçues et provoquant une aphasie (syndrome de Landeau-Kleffner) ou il peut être dysphasique (sa difficulté à communiquer le conduisant à être agressif ou à se retirer du groupe).

➢ Un enfant mutique est peut-être en réalité dépressif ou présente une précocité intellectuelle.

➢ Un enfant « dans la lune » peut effectivement présenter des troubles de l'attention mais aussi des absences épileptiques ou une profonde dépression.

➢ Un enfant hyperactif peut effectivement présenter un Trouble de l'hyperactivité avec déficit de l'attention (THADA) mais cette hyperactivité peut être due à une dépression ou une précocité intellectuelle (Enfant intellectuellement précoce, EIP avec un Quotient intellectuel supérieur à 130).

- Un enfant présentant un retard de langage et de la motricité peut en réalité être un enfant THADA (qui parle mal et qui a tendance à se mettre en danger, voulant aller trop vite).
- Un enfant semblant présenter une déficience mentale peut, en réalité, être un enfant dysphasique.
- Un enfant se balançant et présentant des troubles de la sensibilité tactile (refus de tout contact physique par exemple) évoque un développement autistique alors qu'il est peut-être dyspraxique.

Autant de signes, autant de diagnostics différents : un enfant qui inquiète doit être conduit vers un spécialiste afin que ce dernier puisse mettre un nom sur son trouble. Les parents seront rassurés, l'enseignant pourra adapter si besoin sa méthode de travail à l'enfant.

L'ensemble des tableaux de signes d'alerte présentés dans cet ouvrage a été rédigé à partir de nombreuses observations et de lectures. Les ouvrages suivants ont été notamment utilisés :

- C. Chevrie-Muller, J. Narbonna, *Le langage de l'enfant*, Masson, Paris, 1996.
- M. Larose, *Indices d'anomalie du développement du langage chez l'enfant de 0 à 5 ans*, Les actes du premier colloque sur l'audimutité, AQEA, Québec, 1996.
- F. Lussier, J. Flessas, *Neuropsychologie de l'enfant*, Dunod, Paris, 2001.
- M. Mazeau, *Dysphasies, troubles mnésiques, syndrome frontal chez l'enfant*, Masson, Paris 1999.
- S. Vinter, *Dépistage précoce des troubles du langage : le développement phonologique de la naissance à deux ans*, 2001, *Les troubles spécifiques du langage oral et écrit*, CD Rom du CNEFEI de Suresnes, 2004.

Chapitre 5

Disposer d'outils de repérage

Les enseignants trouveront dans ce chapitre des outils leur permettant de **repérer ou dépister** des enfants en difficulté d'apprentissage scolaire dans le domaine du langage oral et écrit.

Ces outils **ne permettent pas de poser un diagnostic** mais ils donnent des indications concernant la difficulté d'un enfant qui préoccupe, ils aideront l'enseignant à mieux comprendre le fonctionnement de l'enfant. Il pourra ainsi appuyer avec assurance ses observations auprès des parents et orienter le médecin scolaire, le médecin de Protection maternelle infantile, le médecin de famille, ou le médecin pédiatre dans son diagnostic ou dans le choix d'examens complémentaires.

Certains outils permettent une passation collective avec un résultat individuel ; d'autres imposeront une observation ou une passation individuelle et concerneront plutôt les enseignants de réseau scolaire.

Les évaluations sont parfois peu évidentes en fonction des réactions ou des troubles du comportement que présente l'enfant.

Les références des outils présentés ci-dessous sont citées en fin d'ouvrage.

Méthode simple de dépistage : le Questionnaire Langage et Comportement 3 ans 1/2, *Chevrie-Muller*

L'objectif de ce questionnaire est d'instituer une prise en charge précoce à visée préventive. D'après la validation du Questionnaire langage et comportement (QLC), Claude Chevrie-Muller « confirme l'intérêt de s'adresser pour un premier dépistage aux enseignants d'école maternelle qui sont en contact quotidien avec les enfants et qui ont toutes les compétences pour apprécier leurs capacités. Une telle observation quotidienne pourrait même être de qualité supérieure à celle d'un examen individuel réalisé ponctuellement par une personne étrangère à l'enfant.

Le QLC 3 ans 1/2 ans a une valeur prédictive : des relations statistiquement significatives ont été mises en évidence entre d'une part, l'évaluation d'un échantillon d'enfants de 3 ans 1/2 par le QLC et d'autre part, les performances de ces mêmes enfants à des épreuves de conscience phonologique en grande section de maternelle (Plaza-1998)... ».[17]

Le QLC 3 ans 1/2 n'est pas un test ni un outil d'évaluation scolaire. C'est **un outil d'observation individuelle** sur lequel l'enseignant peut s'appuyer lorsqu'il a des soupçons à l'égard d'un enfant.

Chaque enfant va bénéficier de façon privilégiée du regard de son enseignant avec une référence à des repères similaires.

•••

Pour utiliser ce questionnaire :

- L'enseignant doit porter une attention particulière à l'enfant quelques jours avant de remplir le questionnaire.
- Le questionnaire s'applique à des **enfants âgés entre 3 ans 5 mois et 3 ans 8 mois**, scolarisés en petite section de maternelle. Il est fourni un calendrier qui permet de repérer à l'avance à quelle époque chaque enfant devra être observé.
- Le QLC est composé de 29 questions relatives à 10 types d'aptitudes : voix, parole, compréhension, notions cognitives, expression, motricité, mémoire, comportement dans le jeu, comportement dans les activités d'éveil, comportement dans le groupe, comportement en général.
- L'enseignant répond par oui ou non. Il est indispensable de répondre à toutes les questions afin d'utiliser l'échelle d'évaluation.
- À la fin du questionnaire, l'enseignant totalise le nombre de réponses négatives et peut appliquer l'évaluation suivante :
  - *De 0 à 9 inclus : l'enfant n'a pas de difficulté.*
  - *De 10 à 13 inclus : l'enfant est à surveiller et à revoir.*
  - *De 14 à 17 inclus : difficultés probables, intérêt d'une procédure d'examen individuel (pédiatre, orthophoniste, psychologue...).*
  - *Au-dessus de 18 : un examen individuel est indispensable pour préciser les difficultés.*
- Il est évident qu'un enfant totalisant 9 réponses négatives sera à surveiller ou non (en fonction de la connaissance de l'enfant).

17. C. Chevrie-Muller, *Le retard d'acquisition du langage, dépistage précoce ou diagnostic,* ANAE, Rennes, Mars 2002.

- Dans l'échelle « l'enfant n'a pas de difficulté » : cela sous-entend bien évidemment qu'il n'a pas de difficulté dans les aptitudes et comportements explorés.
- Dans l'échelle : « difficultés probables » : cette étiquette ne doit évidemment pas être considérée comme un diagnostic définitif. Celui-ci ne sera posé que dans le cadre d'un examen individuel par un spécialiste.

•••

Après avoir expérimenté ce questionnaire auprès d'enseignants, ils témoignent d'une grande satisfaction d'avoir pris connaissance de ce questionnaire et souhaitent tous l'utiliser dans les années à venir.

- Certains ont été surpris d'avoir à observer certains items qu'ils n'avaient jamais l'habitude de vérifier jusqu'alors.
- Certains enseignants se sont appuyés sur ces résultats pour consolider ce qu'ils pensaient de l'enfant et en parler aux parents.
- Certains ont obtenu des résultats surprenants : ils ont découvert qu'un enfant avait plus de difficultés qu'ils ne le pensaient et vice-versa ; un enfant leur paraissant en grande difficulté ne totalisait finalement pas un mauvais score.
- Certains n'ont pas trouvé de différence entre leur propre évaluation et celle du QLC 3 ans 1/2. Le contraire aurait été inquiétant. Le QLC 3 ans 1/2 est un outil fiable.

Dépistage et Prévention du Langage à 3 ans, DPL3,
F. Coquet

Le DPL3 est un outil de repérage à destination des enseignants de petite section de maternelle. L'enseignant observe l'enfant selon dix critères qui mettent en évidence un profil de compétence. Avec cette observation l'enseignant obtient un classement des enfants en trois groupes :

- *Satisfaisant.*
- *À surveiller* (l'enfant est surveillé et/ou bénéficie d'un examen de dépistage par le médecin scolaire, dans tous les cas l'enfant est revu six mois plus tard).
- *À risque* (nécessité d'un examen individuel).

Questionnaire d'observation individuelle

Évaluation du langage oral

➢ **Test d'évaluation du langage oral**, *J.-Ch. Juhel*.
Ce test comprend : une cueillette de données concernant certaines connaissances de base et le vocabulaire correspondant, la motricité, le comportement en classe et le développement affectif et social, la santé et l'autonomie, le milieu familial et l'évaluation du langage proprement dite (désignation, ordre simple, discrimination phonologique, articulation etc.)

Test individuel s'adressant à des enfants scolarisés à l'école maternelle

➢ **Test des concepts de base de** *Boehm*.
Évalue 26 concepts de base considérés comme fondamentaux pour la réussite des premières années scolaires.

S'adresse aux enfants de 3 à 5 ans et à ceux de grande section de maternelle jusqu'au cours élémentaire première année

Test individuel

> Attention ! Tout enfant ayant eu un déficit du langage oral doit avoir une appréciation du langage écrit durant le CP, même si le langage oral est normalisé.

Tests de conscience phonologique

L'évaluation de la conscience phonologique permet de préciser les capacités d'apprentissage de la lecture. Elle permet de juger des capacités phonologiques des enfants et elle est prédictive quant à la capacité d'apprentissage de la lecture.

➢ **Évaluation de la conscience phonologique et entraînement des capacités phonologiques**, *Zorman, Jacquier Roux*.

Grande section de maternelle

➢ **Test collectif de conscience phonologique**, dans le matériel intitulé :
- Entraînement phonologique prélecteurs, **classes de grande section et de CP**
- Entraînement phonologique lecteurs, **classes de CP et de CE/CM**

Éditions La Cigale, Grenoble.

➢ **Conscience phonologique :** ***éducation et évaluation***, *Langue et communication,*

Éditions La Chenelière, Mot à mot, Paris.

Test individuel

Évaluation des acquis préscolaires

➢ **Batterie prédictive de l'apprentissage de la lecture**, *Le temps d'apprendre à lire, A. Inizan.*

Comprend des épreuves verbales, auditives, visuo-spatiales, cognitives.

Grande section - Cours préparatoire

Test individuel

➢ **Contrôle des aptitudes à la lecture et à l'écriture (CALE)**, *A. Girolami-Boulinier.*

Comprend des épreuves verbales, auditives, visuo-spatiales.

Grande section - Cours préparatoire

Test individuel

➢ **BSEDS 5-6 :** Bilan de santé, Évaluation du développement pour la scolarité à 5 – 6 ans, *Zorman.*

Test de dépistage d'enfants qui seront non lecteurs en fin de CE1.

Enfants de 5 à 6 ans : grande section de maternelle.

Il comprend un ***repérage enseignant*** avec observation du comportement à l'école, du langage, de la motricité et de la perception visuelle.

Il comprend également ***un bilan individuel*** standard et approfondi.

Évaluation du langage écrit

➢ **Batterie d'épreuves pour mesurer la lecture et l'orthographe,** *Lobrot.*

Enfants de 7 à 14 ans

Test individuel

Évalue la lecture et l'orthographe.

- **ODÉDYS :** Outil de dépistage des dyslexies, *Zorman*.

Enfants du CE1 au CM2

Test individuel

- **MÉDIAL :** Moniteur pour l'évaluation des difficultés de l'apprenti lecteur, *A. Ouzoulias*, Retz.

Évaluation de la lecture.

Médial CP propose une évaluation individuelle approfondie.

Médial CE1 propose un protocole en deux volets : une évaluation collective puis une évaluation individuelle.

Niveau CP-CE1

- **Banqu'outils**.

Une série d'outils d'évaluation destinés aux enseignants sur le site internet.

Chapitre 6

Disposer d'outils de dépistage

Ce chapitre propose plus spécialement des outils de **dépistage** aux **médecins** (dépistage d'un trouble du langage oral et/ou écrit).

Les références des outils présentés ci-dessous sont citées en fin d'ouvrage.

Évaluation du langage oral

D'après Sophie Kern : « Il existe trois manières principales d'évaluer le langage du tout jeune enfant : l'observation de données spontanées, la passation de tests standardisés et l'utilisation du compte rendu parental. Comme le rappellent à juste titre Bornstein et Haynes (1998 : 654) « chaque approche contribue de manière unique et fiable au portrait que l'on peut dresser du développement du langage chez l'enfant mais chaque approche envisage également une perspective différente avec des limitations et des implications qui lui sont propres ». »[18]

Nous présentons ci-dessous des tests standardisés ainsi qu'un questionnaire parental :

➢ **Épreuves de repérage des troubles du langage et des apprentissages**, *Roy et Alla, Com-Médic, Vandœuvre.*

Ces outils permettent de repérer des enfants présentant des difficultés préjudiciables à leur épanouissement futur.

❑ ERTL 4 : pour des enfants **âgés de 4 ans**. Ces épreuves testent les compétences langagières de l'enfant.

❑ ERTL 6 : pour des enfants **âgés de 6 ans** (deuxième et troisième trimestre de la grande section de maternelle et premier trimestre du cours préparatoire). Ces épreuves testent les compétences nécessaires aux apprentissages fondamentaux.

---

18. S. Kern, *Le compte rendu parental au service de l'évaluation de la production lexicale des enfants français entre 16 et 30 mois*, Glossa, Paris, 2003.

➢ **DPL3 : Dépistage et prévention du langage à 3 ans**, *F. Coquet*.

Il s'agit d'un outil de dépistage issu du DPL3-enseignant et présentant une adaptation à destination des médecins (voir présentation chapitre 5).

➢ **Batterie d'évaluation psycho-linguistique, BEPL** *Chevrie-Muller*.

Le BEPL explore cinq domaines d'aptitude chez l'enfant de 3 à 4 ans :

- les capacités cognitives et visuo-spatiales
- les capacités de compréhension du langage
- les capacités de répétition
- les capacités de dénomination de mots et de couleurs
- les aptitudes cognitives (capacité d'abstraction et de généralisation).

Teste les enfants âgés de 3 à 4 ans.

➢ **Inventaire Français du Développement Communicatif chez le nourrisson : mots et gestes ; de 8 à 16 mois et de 16 à 30 mois.**

Il s'agit de l'Adaptation française du MacArthur Communicative Development Inventory « Mots et Phrases », de Fenson et coll. La traduction a été réalisée par Sophie Kern.

Elle présente ainsi ce questionnaire : « Ce type de questionnaire présente des avantages certains. Il s'agit avant tout d'un outil pratique puisqu'il permet de brosser rapidement le profil linguistique général d'un enfant ou d'un groupe d'enfants ainsi que leurs stratégies d'apprentissage, ce qui est loin d'être négligeable aussi bien pour le chercheur dans l'avancée de ses travaux que pour le clinicien ou l'éducateur dans sa détection, son évaluation et son traitement d'enfants connaissant un retard de langage. La technique du compte rendu parental possède également une grande validité écologique, dans la mesure où les informations recueillies proviennent des parents, c'est-à-dire de personnes qui sont en contact quasi-permanent avec les sujets et qui sont donc à même de les observer dans le plus grand nombre d'activités du quotidien. Les informations recueillies sont riches et exhaustives, puisque les parents peuvent rendre compte des occurrences mêmes rares de leurs enfants (Dale et coll. 1989 ; Camaioni, et coll. 1991). Ces informations sont par conséquent le reflet de ce que l'enfant connaît et non pas de ce que l'enfant utilise (Bates et coll. 1988), les parents n'étant pas influencés par des facteurs de fréquence. »[19]

19. S. Kern, *Le compte rendu parental au service de l'évaluation de la production lexicale des enfants français entre 16 et 30 mois*, Glossa, Paris, 2003.

Évaluation des fonctions cognitives

➢ **BREV : Batterie rapide d'évaluation des fonction cognitives, 4 à 9 ans**, *C. Billard.*

Cet outil s'adresse aux médecins, aux psychologues scolaires et aux orthophonistes. Il explore l'ensemble des fonctions cognitives de l'enfant âgé de 4 à 9 ans (langage oral, fonctions non verbales, attention, mémoire, principaux apprentissages).

Il ne constitue pas un bilan neuropsychologique complet mais permet de définir un profil tant sur le plan de la gravité des difficultés présentés par l'enfant que sur l'orientation à donner aux examens complémentaires.

Évaluation du langage écrit

➢ **ODÉDYS :** Outil de dépistage des dyslexies, *Zorman.*

Enfants du CE1 au CM2

Test individuel

Chapitre 7

Disposer d'outils de diagnostic

Bilan orthophonique

Ce chapitre concerne tout particulièrement les orthophonistes et leur propose un modèle de conduite du **bilan de langage oral** chez l'enfant.

Il va de soi que nous précéderons l'examen clinique par **un entretien** précis auprès des parents. Nous pouvons utiliser par exemple le Questionnaire de développement proposé par Francine Lussier et Janine Flessas, neuropsychologues (Montréal).[20]

Cet entretien reprend l'histoire familiale, l'histoire de la grossesse et de la naissance, l'histoire médicale, l'histoire du développement, l'histoire scolaire et l'histoire sociale.

Examen clinique proprement dit

L'orthophoniste, avant de se lancer dans une **investigation poussée**, pourra tester rapidement l'enfant grâce à des protocoles d'évaluation du type PER 2000 (Protocole d'évaluation rapide, 3 ans 1/2 - 5 ans 1/2, *Ferrand)* ou la BREV (Batterie rapide d'évaluation des fonctions cognitives, 4 à 9 ans, *Billard*). Nous ne reviendrons pas sur la BREV que nous avons présentée dans le chapitre précédant. Quant au PER 2000, il permet de repérer les difficultés qui vont freiner l'accès au langage oral/écrit. C'est un outil de dépistage qui permet d'orienter vers des examens plus précis. Il explore l'audition, le langage oral, l'articulation, la parole, les fonctions cognitives. Cette évaluation propose un profil avec *quatre plages possibles :*

- sujet sans difficultés,
- sujet nécessitant une surveillance,
- sujet à risque avec indication d'un bilan spécifique,
- sujet en situation pathologique nécessitant des examens complémentaires et probablement une prise en charge orthophonique.

20. F. Lussier, J. Flessas, *Neuropsychologie de l'enfant, Troubles développementaux et de l'apprentissage*, Dunod, Paris, 2001.

En fonction des résultats observés, l'orthophoniste orientera son bilan vers des épreuves spécifiques.

•••

Nous proposons ci-après une série d'épreuves indispensables pour poser un diagnostic. Pour cela nous nous baserons sur le schéma ci-dessous[21] élaboré par Marie-Hélène Marchand, orthophoniste, neuropsychologue et formatrice (Paris). D'après elle : « Ce schéma constitue un aide-mémoire, une illustration simplifiée du traitement cognitif du langage oral, en constante évolution. Dans le principe modulaire développé par la neuropsychologie, il ne faut pas tenir compte de l'ordre habituel du traitement de l'information et de son développement normal qui va préférentiellement de la perception à la réalisation. Les troubles cognitifs ne sont jamais une absence totale de compétences mais l'indisponibilité momentanée des informations à traiter ou des processus cognitifs mis en jeu. Heureusement les phénomènes de feed-back sont très fonctionnels, les compensations sont possibles en utilisant des voies différentes. »[22]

En suivant ce schéma nous testerons d'abord le versant réceptif puis le versant expressif. Marie-Hélène Marchand explique : « Ce n'est pas parce qu'un niveau de traitement est déficitaire au test qu'il faut arrêter le bilan. Bien souvent nous découvrons des compétences insoupçonnées ; il s'agit de construire son bilan en posant des hypothèses fondées sur l'observation des réponses de l'enfant, et surtout de leur caractère déviant ».

Aline D'Alboy, orthophoniste et neuropsychologue (Annecy), appuie ainsi sa conduite d'examen sur l'étude successive des différents modules en fonction des résultats observés chez l'enfant examiné. Nous présentons donc ci-dessous toutes les épreuves qu'il est possible d'envisager à chaque étape du traitement du langage. Mais il est inconcevable d'effectuer l'ensemble de ces épreuves pour un enfant donné. Il faudra choisir les épreuves en fonction de l'observation de l'enfant.

Les références des tests cités sont proposées en fin d'ouvrage.

---

21. M.-H. Marchand, *Des moyens différents pour communiquer*, Rééducation orthophonique, Paris, 1998.
22. M.-H. Marchand, neuropsychologue, orthophoniste, formatrice, Cognito, 12 Avenue Flachat, 92200 Asnières.

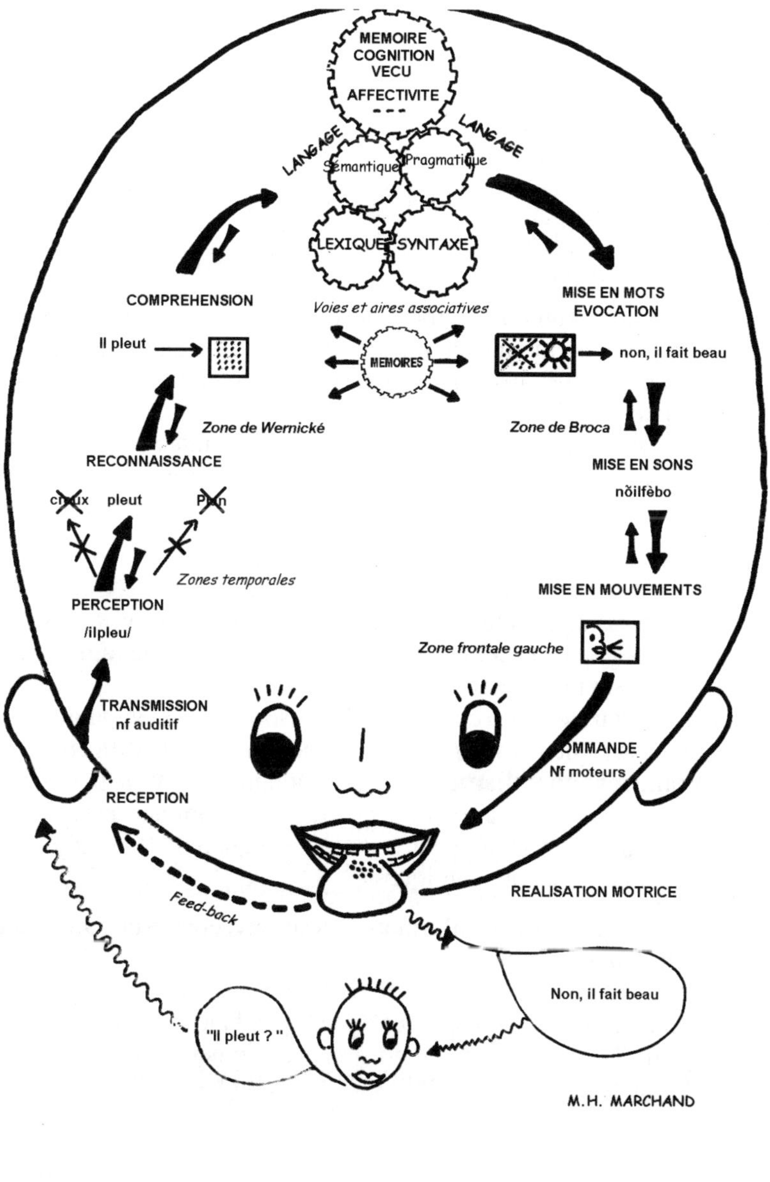

Figure 1
Schéma élaboré par M.-H. Marchand
Des moyens différents pour communiquer, Rééducation orthophonique, 1998.

1 – Bilan auditif (sur le schéma nous nous situons dans la première moitié gauche du schéma, au niveau de la **réception, transmission**).

2 – Test des perceptions auditives et phonémiques (sur le schéma nous nous situons au niveau de la **perception**).

➢ EDP 4-8 ans (Épreuve de discrimination phonémique pour enfants de 4 à 8 ans, ECPA) : l'examinateur énonce deux mots ou non mots et l'enfant, après avoir répété, dit s'il entend pareil ou non.

➢ PEGA Montréal-Toulouse (Protocole d'évaluation des gnosies auditives, Ortho Édition) : l'enfant doit associer des bruits entendus à des images, puis il doit identifier, après avoir répété, s'il entend de manière identique ou non, deux syllabes.
Il est important de faire répéter au préalable l'enfant : s'il répète incorrectement l'énoncé, il présentera des erreurs de perception car il re-programme les phonèmes de façon erronée.

➢ Tester les capacités de segmentation (l'orthophoniste prononce un mot, l'enfant doit couper le mot en plus petites unités possibles. Cette épreuve permet de tester la stratégie de traitement de l'information verbale sur le plan phonologique : l'enfant découpe-t-il les sons du langage au niveau de la syllabe ou bien au niveau du phonème ?).
D'après M. Plaza « les activités de segmentation et de manipulations phonémiques exercent de fortes contraintes cognitives (identification d'unités abstraites et non saillantes sur le plan sonore, opération pesant sur les capacités mnésiques). Les enfants non lecteurs, comme les adultes illettrés, échouent généralement dans les tâches requérant des segmentations et des manipulations phonémiques ».[23]

➢ À paraître : TIPLO (Test informatisé de la perception du langage oral, Parisse et Soubeyrand).
Il s'agit d'un logiciel d'évaluation de la perception phonétique et de la compréhension des connaissances du lexique du jeune enfant. Utilisable dès l'âge de 2 ans chez l'enfant normal et également destiné aux enfants suspectés de retard ou de trouble spécifique du langage.

3 – Test de reconnaissance des mots (sur le schéma nous sommes au niveau de la **reconnaissance**).

---

23. M. Plazza, *Impact des difficultés précoces du langage sur la conscience phonologique d'enfants scolarisés en grande section de maternelle*, ANAE numéro 48, Rennes, 1998.

➢ BEPL – 3 à 4 ans (Batterie d'évaluation psycholinguistique, Chevrie-Muller, ECPA) : épreuve de reconnaissance de mots par désignation d'images simples. Permet de vérifier chez un enfant sa capacité à reconnaître un vocabulaire simple.

➢ Désignation de mots proches phonologiquement (BEPL : épreuve des gnosies auditivo-phonétiques) et sémantiquement (voir document en fin d'ouvrage : Test de désignation de mots avec associations phonémiques, sémantiques, ou de convenance d'usage).
Permet de déterminer si l'enfant produit des erreurs du type phonologique ou sémantique vis-à-vis d'un vocabulaire simple.

➢ TVAP – 3 à 5 ans et 6 à 8 ans (Test de vocabulaire actif et passif, Deltour, ECPA) en désignation uniquement. Permet de déterminer si l'enfant produit des erreurs sémantiques ou phonologiques.

4 – Test de la compréhension lexicale (sur le schéma nous sommes au niveau de la **compréhension**). Il est important d'évaluer séparément la compréhension de mots isolés et la compréhension syntaxique. Si la compréhension syntaxique est supérieure à la compréhension lexicale, nous déduirons que l'enfant s'aide du contexte pour mieux comprendre et qu'il présente probablement une dysphasie réceptive.

➢ ELO – Petite section de maternelle à CM2 (Évaluation du langage oral, Khomsi, ECPA) : épreuves intitulées «Lexique en réception» et «Compréhension immédiate et globale».

➢ VOCIM – 3 à 9 ans (Vocabulaire en image, ECPA) : épreuve qui montre les connaissances lexicales ainsi que les capacités cognitives.

➢ ÉCOSSE – 4 à 12 ans (Épreuve de compréhension syntaxico – sémantique, Septentrion) : évaluation de la compréhension syntaxique et sémantique.

5 – Mémoire (nous nous situons au sommet du schéma).

➢ L2MA – 8 ans 1/2 à 11 ans 1/2 (Évaluation du langage oral et écrit, Chevrie-Muller, ECPA) et le test de la figure complexe de REY (ECPA). Attention ! Cette épreuve fait *également* intervenir les capacités de planification et d'image mentale. Nous pouvons utiliser également la Batterie d'efficience mnésique – BEM 144 (Signoret, Elsevier).
Il faudra donc tester la mémoire à long terme, la mémoire immédiate et la mémoire de travail, ainsi que la mémoire auditive et la mémoire visuelle. L'enfant dysphasique a beaucoup de difficulté en mémoire immédiate et mémoire de travail (mémoire de travail : maintenir une information et en

même temps effectuer un traitement sur cette information. Par exemple l'examinateur donne une série de chiffres à l'endroit et l'enfant doit les restituer à l'envers).

6 – Test de dénomination (nous nous situons dans la deuxième partie droite du schéma, au niveau de la **mise en mots**).
Test de dénomination : ELO (Petite section de maternelle à CM2, Évaluation du langage oral, Khomsi, ECPA) : épreuve intitulée «Lexique en production», ou N-EEL (Nouvelles épreuves pour l'examen du langage – 3 ans 1/2 à 8 ans 1/2, Chevrie-Muller, ECPA), ou épreuve de dénomination du L2MA -8 ans 1/2 à 11 ans 1/2 (Évaluation du langage oral et écrit, Chevrie-Muller, ECPA) ou Épreuve de fluence et de dénomination – 6 à 14 ans (Jambaqué I., Dellatolas G., ANAE, 2000).
L'une ou l'autre des épreuves permet de déterminer si l'enfant présente un manque du mot, des paraphasies phonétiques ou sémantiques, s'il utilise des conduites d'approches, s'il présente des dissociations automatico-volontaire.

7 – Étude de la fonction de formulation
Il s'agira de déterminer les aspects pragmatiques du langage de l'enfant, d'étudier l'informativité de son langage, si l'enfant prend son tour de parole, s'il effectue des choix adaptés sur le plan sémantique et syntaxique et pour finir, savoir si la prosodie est adaptée au rôle.

8 – Test de la fluence
Test de la fluence sémantique et phonologique - 8 ans 1/2 à 11 ans 1/2 (L2MA, Évaluation du langage oral et écrit, Chevrie-Muller, ECPA).
La fluence met en jeu une fonction exécutive (fonction exécutive : fonction mise en jeu pour définir un objectif, pour analyser des données, pour générer un plan d'action, une stratégie…).
S'il existe une dissociation entre la fluence sémantique et la fluence phonologique, l'enfant présente sûrement des troubles attentionnels (trouble de la fonction exécutive).

9 – Test de la syntaxe
Nous nous situons toujours au niveau de la **mise en mots** sur le schéma de la tête de Marie-Hélène Marchand.

➢ Test ELO (Petite section de maternelle à CM2, Évaluation du langage oral, Khomsi, ECPA). épreuve intitulée «Production d'énoncés».

- Test de closure grammaticale – 3 à 8 ans (TCG, Deltour, ECPA).
- Test de description d'image.
- Syntaxe-analyse du récit de la N-EEL – 3 ans 1/2 à 8 ans 1/2 (Nouvelle épreuve pour l'examen du langage, Chevrie-Muller, ECPA).

Ces tests permettent d'analyser l'expression syntaxique : élaboration de phrases syntaxiques ou agrammatisme (signalant un trouble de la programmation) ou dysyntaxie (signalant un trouble du contrôle phonologique).

10 – Test de la phonologie (nous nous situons au niveau de la **mise en sons** sur le schéma).

- Test ELO (Petite section de maternelle à CM2, Évaluation du langage oral, Khomsi, ECPA). épreuve intitulée «Répétition de mots».
- Test d'articulation et de la parole (N-EEL, Nouvelle épreuve pour l'examen du langage, Chevrie-Muller, ECPA).
- Test de la prononciation spontanée.
- Vérifier la prosodie (qui peut être perturbée chez l'enfant dysphasique). Des erreurs sur la répétition de mots longs ou courts détermineront un trouble phonologique ; tandis que des erreurs de répétition sur des mots longs uniquement signaleront un trouble de la mémoire.

11 – Test des praxies bucco-faciales (nous nous situons au niveau de la **mise en mouvements** sur le schéma).

•••

Nous avons fait le tour des modules impliqués dans le langage.

Afin de compléter le bilan nous pouvons choisir quelques épreuves concernant **les troubles associés.**

- Test de **rétention auditive** : épreuve de rythme, rétention de chiffres, rétention de phrases – 3 à 4 ans (BEPL, Batterie d'évaluation psycholinguistique, Chevrie-Muller, ECPA) ou 3 ans 1/2 à 8 ans 1/2 (N-EEL, Nouvelle épreuve pour l'examen du langage, Chevrie-Muller, ECPA).

➢ Tester les **aptitudes métaphonologiques**.

- BELEC, Batterie d'évaluation du langage écrit et de ses troubles, de 7 à 12 ans, P. Mousty et collaborateurs, Laboratoire de psychologie expérimentale – Bruxelles.
- Test-évaluation du niveau de développement de la conscience phonologique, pré-lecteurs et lecteurs, M. Zorman, M. Jacquier-Roux, Édition La Cigale.

➢ Reproduction de la figure de REY à partir de 4 ans (Test de la figure complexe de Rey, ECPA) : permet de repérer si l'enfant présente un **trouble visuo-constructif.**

➢ Exécution de labyrinthes (BREV, Batterie rapide d'évaluation des fonctions cognitives – 4 à 9 ans, Kiosque) et les épreuves de fluence verbale (L2MA– 8 ans 1/2 à 11 ans 1/2, Évaluation du langage oral et écrit, Chevrie-Muller, ECPA) permettent de savoir si l'enfant présente des troubles des **fonctions exécutives**.

➢ **L'attention** sera testée par l'épreuve de barrage des cloches, le test de Stroop – à partir de 7 ans 1/2 (Test d'attention sélective de Stroop, ECPA) ainsi que par des épreuves du BSEDS – 5 à 6 ans (Bilan de santé, évaluation du développement pour la scolarité de 5 à 6 ans, Zorman, Grenoble).

➢ **Aptitudes temporelles et spatiales**.

- Test des concepts de base – 3 à 5 ans et 5 à 8 ans (Boehm, ECPA) : ce test permet de situer la compréhension de l'enfant au niveau des termes liés au **temps**, à l'**espace**.
- Succession logique : La chute dans la boue (Borel-Maisonny).
- N-EEL – 5 à 8 ans (Nouvelle épreuve pour l'examen du langage, Chevrie-Muller, ECPA) : Récit d'une histoire courte, reproduction de structures rythmiques…
- L'image de Rey, Test de Marseille, 2 ans 1/2 à 8 ans 1/2 (A.M. Dulac).
- Signes diversement orientés, CALE, fin de G.S. – début de C.P (Contrôle des aptitudes à la lecture et à l'écriture, ECPA).
- Test visuo-moteur, L2MA, 8 ans 1/2 à 11 ans 1/2, (Évaluation du langage oral et écrit, Chevrie-Muller, ECPA).

- Vérifier l'acquisition des **couleurs**.

- Test des **gnosies visuelles** (PEGV, Protocole d'évaluation des gnosies visuelles, Agniel A., Ortho Édition) : ce test permet de connaître les perceptions visuelles de l'enfant.

À l'issue de ce bilan il est possible de poser un **diagnostic** de trouble d'articulation, d'un retard de parole et/ou d'un retard de langage. Pour poser un **diagnostic provisoire** de dysphasie nous utiliserons les six marqueurs de déviance évoqués par Ch.-L. Gérard : trouble d'évocation lexicale, trouble vrai de l'encodage syntaxique, trouble de la compréhension verbale, hypospontanéité verbale, trouble de l'informativité, dissociation automatico-volontaire. D'après Ch.-L. Gérard, « la présence de trois de ces marqueurs de déviance suffit pour un sujet donné, si les deux premières étapes ont été correctement menées, pour confirmer le diagnostic de dysphasie »[24]. La première étape, d'après Ch.-L. Gérard consiste à confirmer le caractère significatif du déficit verbal c'est-à-dire que les résultats aux différents tests se situent deux écarts type en dessous de la norme. Le diagnostic différentiel constitue la deuxième étape : voir les diagnostics d'exclusions cités dans la définition.

Ce diagnostic provisoire viendra à être confirmé ou infirmé par les résultats de différents bilans : bilan neurologique, bilan neuropsychologique, bilan psychomoteur, bilan phoniatrique, bilan psychiatrique...

Pour poser un diagnostic de dysphasie, il est également important d'évaluer l'intensité des difficultés de l'enfant en classe, l'intensité de son malaise dans la vie de tous les jours.

La dysphasie révèle un caractère sévère et durable d'un trouble du langage après l'âge de 6 ans (tout comme il est difficile de parler de dyslexie avant dix-huit mois d'apprentissage de la lecture). Nous ne pouvons pas poser un diagnostic de dysphasie avant cet âge. Ce qui n'interdit évidemment pas d'intervenir auprès de l'enfant avant cet âge-là si nous soupçonnons un trouble phasique important.

24. C.-L. Gérard, *L'enfant dysphasique*, De Boeck, Bruxelles, 2003.

Tableau récapitulatif

Bilan de langage oral

PREMIER ENTRETIEN AVEC LA FAMILLE
PREMIÈRE ÉVALUATION DE L'ENFANT PER 2000 ou BREV
BILAN AUDITIF
VERSANT RÉCEPTIF Test des perceptions auditives (EDP, PEGA, Capacité de segmentation) Test de reconnaissance des mots (BEPL, Test de désignation de mots, TVAP) Test de compréhension lexicale et syntaxique (ELO, VOCIM, ECOSSE)
MÉMOIRE Mémoire (L2MA, BEM 144, Figure de Rey)
VERSANT PRODUCTIF Test de dénomination (ELO, N-EEL, L2MA, Épreuve de fluence et dénomination) Test de la fonction de formulation Test de la fluence (L2MA) Test de la production syntaxique (ELO, TCG, Description d'image, N-EEL) Test de la production phonologique (N-EEL) Test des praxies bucco-faciales
TROUBLES ASSOCIÉS Rétention auditive (BEPL, N-EEL) Aptitudes métaphonologiques (BELEC, Test de Zorman) Praxies visuoconstructives (Figure de Rey) Fonctions exécutives (BREV, L2MA) Attention (STROOP, BSEDS) Notions spatio-temporelles (Boehm, N-EEL, L2MA, Figure de Rey, CALE) Couleurs Gnosies visuelles (PEGV)

Protocole de bilan

Nous vous proposons ci-dessous un protocole de bilan reprenant toutes les étapes énumérées précédemment.

•••

Nom : ....

Prénom : ....

Date de naissance : ....

Date de l'examen : ....

Anamnèse : ....

....

....

....

....

....

....

....

....

....

Versant réceptif

Perception auditive

1. EDP- 4-8

- Répète : CORRECTEMENT INCORRECTEMENT

(si l'enfant répète incorrectement : il y aura des erreurs de perception car il reprogramme faux l'énoncé).

....

....

....

- Résultats : ....

....

....

....

....

2. PEGA

- Répète : CORRECTEMENT INCORRECTEMENT

(si l'enfant répète incorrectement : il y aura des erreurs de perception car il reprogramme faux l'énoncé).

....

....

....

- Résultats :

  - Aux bruits : ....

  ....

  ....

  - Aux paires minimales : ....

  ....

  ....

  ....

3. **Segmentation :** (stratégie de traitement de l'information verbale).

....

....

....

Reconnaissance des mots

1. **BEPL :** (identification des gnosies verbales)

....

....

....

2. **Test de désignation** de mots proches phonologiquement et sémantiquement : **BEPL** (faire répéter au préalable) et **test de désignation d'images avec associations phonémiques, sémantiques, ou de convenance d'usage** (proposé en fin d'ouvrage).

➘ Types d'erreurs :

➟ Phonétiques : ....

....

....

....

....

➟ Sémantiques : ....

....

....

....

....

3. **TVAP** en désignation

➘ Erreurs phonologiques : ....

....

....

➘ Erreurs lexicales : ....

....

....

....

....

Test de la compréhension lexicale

1. **VOCIM :** (épreuve qui montre les capacités cognitives et les connaissances lexicales).

   ....
   ....
   ....
   ....
   ....

2. **ECOSSE :** (évaluation de la compréhension syntaxique et sémantique).

   ....
   ....
   ....
   ....
   ....

3. **Compréhension syntaxique** > ou < **compréhension lexicale ?** (dysphasie réceptive : CS > CL).

   ....
   ....
   ....
   ....
   ....

Mémoire : L2MA - Figure de Rey – BEM 144

1. **Mémoire à long terme**

   Se rappelle de quelques images de désignations ? Ou d'une brève histoire racontée en début de séance ? Ou de comptines bien connues ?

   ....
   ....
   ....

2. **Mémoire immédiate**

   - Mots : ....
     ....
     ....
   - Chiffres : ....
     ....
     ....

➘ Phrases : ....

....

....

3. Mémoire de travail

➘ Chiffres à l'envers : ....

....

....

Versant productif

Test de dénomination

Épreuve de fluence et de dénomination ou
Épreuve de dénomination du L2MA ou du ÉLO ou de la N-EEL

1. Manque du mot : (accès au lexique ?) ....

....

....

2. Paraphasies :

➞ Sémantique (lexique faible ?) : ....

....

➞ Phonémique ....

....

....

3. Conduite d'approche : ....

....

....

4. Trouble phonologique : ....

....

....

5. Dissociation automatico-volontaire : ....
....
....

6. Résultats : ....
....
....

Étude de la fonction de formulation

1. Capacité pragmatique : ....
....
....

2. Informativité : ....
....
....

3. Prend en compte :

- Ce qu'il dit : ....
  ....
- Ce que je dis : ....
  ....
  ....

4. Prend-il son tour ? : ....
....
....

5. Choix adapté :

- Sur le plan sémantique : ....
  ....
- Sur le plan syntaxique : ....
  ....
  ....

6. Prosodie adaptée au rôle : ....
....
....

Fluence

Épreuves du L2MA

1. Fluence sémantique : ....

2. Fluence phonologique : ....

3. A-t-il des stratégies d'évocation ? : ....

4. Y a-t-il une dissociation entre FS et FP ?
(si oui : il y a des troubles attentionnels) ....

Syntaxe

- Description d'images : ....
- **TGG** Deltour : ....
- **Syntaxe analyse du récit de la N-EEL** : ....

1. Élaboration de phrases syntaxiques ? : ....

....

....

2. Agrammatisme (trouble de la programmation) ? : ....

....

....

3. Dysyntaxie (trouble de contrôle phonologique) ? : ....

....

....

Versant phonologique

Test d'articulation et de parole de la N-EEL

1. Répétition de non mots : ....

....

....

....

....

2. Logatomes : ....

....

....

....

....

3. Spontanée : ....

....

....

....

....

4. Mots : ....

....

....

....

....

5. Syllabes : ....
....
....
....
....

6. Erreurs sur mots longs et courts (trouble phonologique) ? : ....
....
....
....
....

7. Erreurs sur mots longs uniquement (trouble de mémoire) ? : ....
....
....
....
....

8. Prosodie : ....
....
....
....
....

Praxies bucco-faciales

Épreuves de praxies bucco-faciales (Dulac)

1. Sur ordre : ....
....
....

2. Sur imitation : ....
....
....

3. Dissociation automatico-volontaire : ....
....
....

Troubles associés

Trouble de rétention auditive (BEPL, N-EEL)

1. Rythme : ……………………………………

2. Chiffres : ……………………………………

3. Phrases : ……………………………………

Trouble des capacités métaphonologiques (BELEC ou Test de Zorman)

……………………………………

Trouble visuo-constructif

Figure de **Rey** : ....
....
....
....
....
....

Trouble des fonctions exécutives (BREV, L2MA)

....
....
....
....
....
....

Trouble de l'attention (BSEDS, STROOP)

1. Attention sélective : ....
....
....

2. Attention partagée : ....
....
....

3. Attention soutenue : ....
....
....

Trouble d'acquisition des concepts de base

1. Couleurs : ....

....

....

....

....

2. Notions temporelles (**Boehm, N-EEL**) :

   → A la notion de successivité : ....

   ....

   ....

   ....

   → Compréhension du vocabulaire temporel : ....

   ....

   ....

   ....

   ....

   ....

   ....

   ....

3. Notions spatiales (Boehm, Signes diversement orientés : **CALE**, Test visuo-moteur du **L2MA**).

   → Perception spatiale : ....

   ....

   ....

   ....

   → Compréhension du vocabulaire spatial : ....

   ....

   ....

   ....

   ....

   ....

Test des gnosies visuelles (PEGV)

....
....
....
....
....
....

Diagnostic

Trouble d'articulation

....
....
....
....
....
....

Retard de parole

....
....
....
....
....
....

Retard de langage

....
....
....
....
....
....

Dysphasie

- Deux écarts types en dessous de la norme :

  Oui Non

- Élimination des différents diagnostics différentiels (déficit auditif, malformation des organes phonatoires, insuffisance intellectuelle, lésion cérébrale acquise au cours de l'enfance, trouble envahissant du développement, carence grave affective ou éducative) :

  Oui Non

- Marqueurs de déviance :

  - Trouble de l'évocation lexicale : ....

  - Trouble vrai de l'encodage syntaxique : ....

  - Trouble de la compréhension verbale : ....

  - Hypo-spontanéité verbale : ....

  - Trouble de l'informativité : ....

  - Dissociation automatico-volontaire : ....

  - Présence de trois marqueurs au moins :

    Oui Non

Malgré toutes ces indications le diagnostic peut s'avérer difficile à poser. Un autre critère peut encore nous aider : l'enfant est-il en grande souffrance dans le système scolaire ? La scolarité est-elle vécue comme un enfer par l'enfant et les parents ?

....
....
....
....
....
....

↘ Type de dysphasie :

➡ Dysphasie réceptive : ....
....
....
....

➡ Dysphasie mnésique : ....
....
....
....

➡ Dysphasie sémantique/pragmatique : ....
....
....
....

➡ Dysphasie phono/syntaxique : ....
....
....
....

➡ Dysphasie de production phonologique : ....
....
....
....

Chapitre 8

Équiper les parents : livret langage

Les **enseignants** trouveront dans ce livret un appui pour accompagner les parents face aux difficultés rencontrées avec leur enfant. « C'est souvent nous, enseignants, qui débutons cet accompagnement et nous nous sentons démunis et éprouvons la nécessité de mettre en place des lieux, des moments pour parler de cette difficulté avec un véritable projet et des professionnels encadrants » nous expliquait un enseignant lors d'un entretien.

Ainsi quand l'enseignant soulève une difficulté de langage auprès d'un enfant, il peut proposer un livret langage aux parents souvent inquiets. Ils pourront regarder ce livret à la maison, à tête reposée.

Les **orthophonistes** pourront également remettre directement ce livret aux parents d'enfant en difficulté ou le diffuser auprès de l'enseignant qui a l'enfant dans sa classe.

•••

Ce livret, **à remettre aux parents,** indique quelques **repères** de langage, les principales étapes que leur enfant doit franchir et les intérêts d'une intervention précoce. Ils trouveront des repères concernant l'évolution du langage de l'enfant, des idées de stimulations langagières et des conduites à tenir dans le cas où l'enfant présente un trouble du langage. Si le diagnostic a déjà été posé, les parents trouveront des **conseils** dans leur rôle face à l'enfant en difficulté afin de répondre de façon adéquate. Les parents connaissent mieux que quiconque leur enfant et ce sont eux qui peuvent répondre le mieux à leurs besoins. Françoise Estienne, logopède, professeur à l'université de Louvain en Belgique, auteur de divers ouvrages sur le langage, explique, en s'appuyant sur les travaux de A. Maslow[25], que « l'être humain, pour exister, grandir et s'épanouir doit satisfaire ses besoins fondamentaux que l'on peut représenter sous forme d'une pyramide.

25. A. Maslow, *Vers une psychologie de l'être,* Fayard, Paris, 1989.

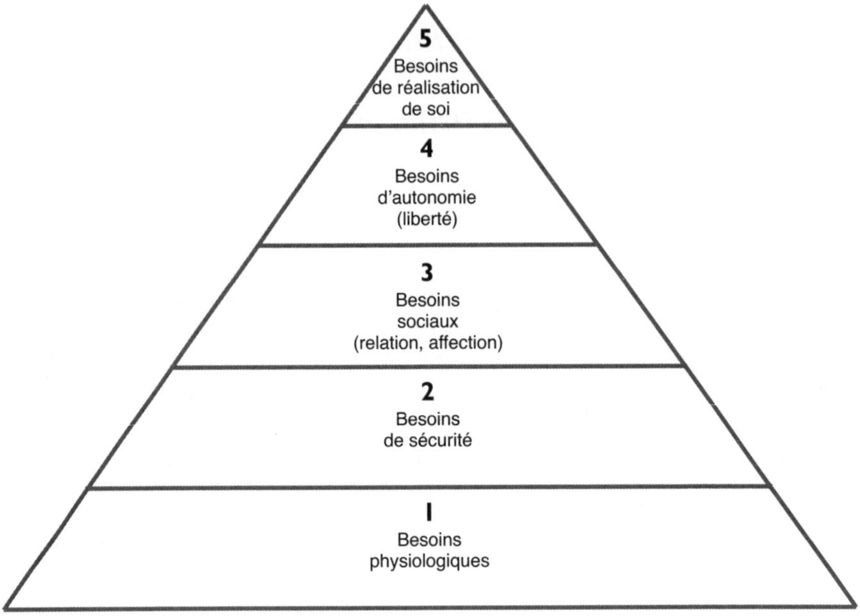

Schéma de la pyramide de Maslow

Un besoin nouveau ou supérieur n'émerge que lorsque le ou les besoins inférieurs sont satisfaits». Les parents se doivent de répondre au moins aux besoins des trois premiers échelons. Françoise Estienne dit également «qu'un individu, pour s'épanouir, a besoin qu'on croie en lui, et qu'il doit être valorisé positivement».[26]

> Travailler en partenariat avec les parents, l'enseignant, le psychologue, l'orthophoniste ou le psychomotricien.

Les enfants présentant un trouble de la communication vont beaucoup mieux si tous les adultes prenant en charge ces enfants, travaillent en équipe.

26. F. Estienne, *La rééducation du langage de l'enfant*, Masson, Paris, 2002.

Livret langage

Nom : ....

Prénom : ....

Date de naissance : ....

Âge actuel : ....

Classe actuelle : ....

•••

Vous êtes les partenaires essentiels de la construction du langage de votre enfant.

Ordinairement l'enfant apprend à parler en vous entendant parler. Il construit son langage par mimétisme puis quand il maîtrise cet outil, il initie lui-même ce langage qui lui permet de communiquer, d'échanger, de s'exprimer et de dire ce qu'il ressent ou ce dont il a besoin...

Votre enfant a trois ou quatre ans, il commence sa scolarité car il est prêt à apprendre. Il va s'appuyer **sur son langage** pour aller à la découverte du monde et effectuer des apprentissages complexes tels que la lecture, l'écriture et les mathématiques.

Des difficultés dans le domaine du langage peuvent gêner ces apprentissages et retarder le développement de l'enfant. À trois-quatre ans son intelligence en pleine croissance est excessivement malléable et une **intervention précoce, si nécessaire,** permet d'aider l'enfant à **évoluer plus facilement**.

Quelques questions

Selon vous (*entourez la réponse correcte)* :

1 Comment l'enfant apprend-il à parler ?

a) Le langage est inné.

b) En vous entendant parler.

c) Il apprend des phrases par cœur.

2 À quel âge un enfant parle normalement ?

3 ans 4 ans 5 ans

3 Le langage oral sert-il de base aux différents apprentissages scolaires (lecture, écriture, calcul) ?

oui non

4 Éprouvez-vous du plaisir à communiquer ?

oui non

5 Votre enfant échange-t-il avec vous et au sein de la cellule familiale ?

oui non, il est trop petit pour comprendre

6 Lorsqu'un enfant a du mal à parler, il suffit de lui faire répéter des phrases ?

oui non

7 Votre enfant aime-t-il écouter des histoires que vous lui lisez ?

oui non

8 Votre enfant aime-t-il écouter des comptines ?

oui non

9 Vers quel âge votre enfant a-t-il commencé à produire des phrases du type : « où elle est maman ? » ou « la voiture est partie » ?

10 Pour son âge, votre enfant parle :

Bien | Pas très bien | Paraît en retard

11 Vous a-t-on déjà fait des remarques concernant le langage de votre enfant ?

oui | non

12 Ces remarques vous ont-elles blessé(s) ?

oui | non

13 Avez-vous l'impression que votre enfant présente des signes préoccupants ?

oui | non

14 Si oui, en avez-vous parlé à votre médecin traitant ?

oui | non

15 Pensez-vous que lorsqu'un enfant parle mal il faut attendre car il est encore trop petit ?

oui | non

16 Votre enfant a-t-il un rythme de vie régulier (heure des repas ou du coucher) ?

oui | non

17 Votre enfant a-t-il eu des otites à répétition ?

oui | non

18 Votre enfant utilise-t-il une sucette ?

oui | non

Vous trouverez des éléments de réponse dans ce petit livret.

Les étapes de la construction du langage

➢ **À la naissance** *l'enfant possède tous les outils lui permettant d'élaborer son langage. Il va construire son langage en échangeant avec son entourage et en exprimant ses besoins et ses sentiments.*

L'enfant va babiller et jouer avec sa voix qu'il découvre, il se tourne vers la source sonore.

➢ **À 1 an**

- *Apparition de mots à l'intérieur du babillage, il dit « papa, maman », sans différencier l'un ou l'autre.*
- *Désigne un objet pour le demander.*
- *Comprend des ordres simples : « Lève-toi ».*
- *Comprend « non » (stoppe une action en cours)*

➢ **À 18 mois**

- *Utilise 7 à 20 mots.*
- *Comprend des phrases courtes et simples : « Donne-moi ton ballon ».*
- *Parle avec un style télégraphique*
- *Produit des onomatopées.*

➢ **À 2 ans**

- *Association de deux ou plusieurs mots pour faire des phrases : « papa parti ».*
- *Transforme encore fréquemment les sons de la parole : f / s / ch par p / t / k.*
- *Dit son prénom.*
- *Comprend des consignes doubles : « Donne-moi la cuillère et donne la balle à maman ».*

➢ **À 2 ans 1/2**

- *Produit des phrases de 3-4 mots.*
- *Utilise le pluriel et la négation.*
- *Utilise : je, moi, il…*
- *Comprend une consigne double : « Mets un cube dans le verre et après, pose le verre par terre ».*

➢ **À 3 ans – 3 ans 1/2**

- *Explosion du vocabulaire : possède 400 à 900 mots (à titre indicatif !).*
- *Utilise des phrases et conjugue les verbes à partir de 3 ans 1/2.*
- *Utilise le « je » et peut dire comment il s'appelle.*
- *Écoute et comprend des histoires, apprécie les comptines.*
- *Utilise des prépositions.*
- *Parole intelligible par des personnes non familières à 3 ans 1/2.*
- *A beaucoup de choses à dire.*

L'enfant est prêt à apprendre et entre dans une période de développement intense de la pensée.

➢ **À 4 ans**

- *Tous les sons de la langue sont acquis sauf / ch - j / et / s – z / qui peuvent ne pas* être différenciés.
- *Parle sans erreur grammaticale et syntaxique sérieuse.*
- *Utilise des propositions relatives et des adjectifs.*
- *Éprouve du plaisir à* communiquer.
- *C'est la période du « pourquoi ? ».*
- *Nomme 5 couleurs.*
- *Sait raconter une histoire.*

À 4 ans l'enfant est prêt pour des apprentissages scolaires et le langage ne doit pas lui poser de problème.

Or à cet âge, deux ou trois enfants par classe de vingt-cinq élèves présentent des difficultés de langage **de degrés évidemment variables.**

Mais celles-ci peuvent dans la plupart des cas se résorber facilement en intervenant tôt (à 3-4 ans nous pouvons modifier des comportements langagiers défectueux).
Plus tard il sera plus difficile d'intervenir et l'enfant devra régler ce problème en même temps qu'il devra apprendre en classe.
Il est très important de poser un diagnostic précis sur le trouble que présente votre enfant.
En fonction de son trouble nous pourrons lui fournir une aide adaptée.
S'il présente un retard il pourra rattraper son retard par une stimulation adaptée et effectuée par des spécialistes.
En cas de déficit plus important, des soins précoces et des mesures adaptatives lui permettront de se développer harmonieusement.

⚠ Soyez vigilant

- Si le langage de votre enfant est difficilement compréhensible,
- S'il n'utilise pas de verbes ou les utilise mal ou ne construit pas ses phrases,
- S'il a du mal à vous raconter des événements simples ou récents,
- S'il a du mal à commencer ses phrases,
- S'il répète syllabes ou mots,
- Si les mots sont déformés.

Parlez-en à votre médecin...

Il vous orientera vers un spécialiste qui pourra poser un diagnostic précis :

- Un médecin phoniatre, spécialiste des diagnostics des troubles du langage et de leurs orientations.
- Un orthophoniste, spécialiste du langage oral et écrit.
- Et/ou un psychologue ou un neuropsychologue qui grâce à des tests pourra définir comment l'enfant fonctionne dans ses apprentissages, déterminera ses points forts sur lesquels il faut s'appuyer et ses points faibles sur lesquels il faut intervenir ou qu'il faut simplement surveiller.
- Et/ou un psychomotricien qui aidera votre enfant sur le plan moteur et proposera des activités nécessitant l'intervention de son corps (afin de mieux coordonner ses mouvements).
- Et/ou un médecin pédiatre ou un médecin neuropédiatre qui pourra poser un diagnostic précis à l'aide des différents résultats des tests.
- Et/ou il pourra également vous orienter vers un centre de référence (Centre Hospitalier Universitaire) spécialisé dans le diagnostic des troubles des apprentissages.

Quelques conseils à suivre si votre enfant a des difficultés de langage

- Vérifier l'audition et la vision de l'enfant.
- Lire des histoires, écouter des comptines.
  Vous l'aidez ainsi à développer son envie de lire et vous facilitez l'apprentissage ultérieur de la langue écrite.
- Laisser des livres à sa disposition.
- Considérer votre enfant avec autant d'attention que s'il était un adulte lorsque vous lui adressez la parole et expliquer à haute voix tout ce que vous réaliser devant lui.
- Stimuler son imagination avec des jeux tels que la dînette, le téléphone ou les petites voitures.
- Proposer des jeux d'encastrement et premiers puzzles, des activités de tri....
- Si votre enfant ne prononce pas bien un mot: ne pas le faire répéter mais formuler à sa place et correctement le mot, afin qu'il entende le modèle exact.
- Si l'enfant construit incorrectement ses phrases, reprendre sa phrase en lui donnant le modèle exact sans le faire répéter.
- Échanger avec votre enfant en gardant le plaisir de communiquer avec lui afin d'éviter tout blocage ou dégoût de sa part.
- Privilégier les contacts individualisés, rester à son écoute, respecter ses centres d'intérêts.
- Si vous sentez que votre enfant ne fait pas d'effort pour se faire comprendre: rendez-lui service en faisant celui/celle qui ne le comprend pas, il sera ainsi obligé de s'appliquer à mieux parler.
- Si votre enfant communique très peu, encourager toute production de sa part. Cesser votre activité lorsqu'il vous parle afin de l'écouter, il sera encouragé par votre attention et fera de même lorsque vous lui parlerez.
- Échanger au cours des activités de la vie quotidienne.
- Parler lentement, exagérer l'articulation sans détacher trop les syllabes et sans prononcer les e muets.
- Faire des phrases courtes mais de niveau légèrement supérieur à celui de l'enfant: ne pas utiliser un langage bébé (meu-meu pour vache ou oua-oua pour chien ou caca pour sale...).

- Le laisser demander ce dont il a besoin même si vous savez de quoi il s'agit.
- Faire des gestes et répéter votre phrase s'il ne semble pas la comprendre.
- Lui faire fréquenter des enfants de son âge.
- Quel que soit l'âge de votre enfant, faire attention si l'évolution de son langage s'arrête brutalement ou si son langage régresse.
- Attention ! La télévision n'est qu'une ambiance sonore pour l'enfant, elle isole et ne favorise pas une communication réelle.
- Encourager votre enfant à se débarrasser de sa sucette (ou à arrêter l'utilisation du biberon) : elle peut contribuer à des mauvaises positions de la langue, de la dentition et elle ne l'incite pas à parler comme un grand. Vous pouvez inventer une histoire qui permettra à votre enfant de la quitter sans trop de souffrance : « nous la donnons au Père Noël » ou autre stratagème…
- Veiller à lui donner un rythme de vie régulier car cela lui permet de percevoir la notion de temps. Penser également que dormir c'est se développer et que l'enfant a besoin de bénéficier des heures de sommeil avant minuit pour se régénérer.
- Préciser le diagnostic du trouble que présente votre enfant à l'aide de spécialistes.

•••

L'intérêt d'un diagnostic précoce permet de mieux prendre en charge votre enfant et de mettre en place des mesures adaptées en fonction de ses difficultés.

Ne laissez pas des questions sans réponses : n'hésitez pas à contacter les différents professionnels qui travaillent avec votre enfant pour parler de ce qui vous préoccupe. Demandez à ce que les professionnels se rencontrent, avec vous, pour parler du projet et/ou de l'évolution de votre enfant.

Demandez à votre médecin de vous diriger vers une association de parents dans le cas où votre enfant présente des troubles sévères du langage.

Chapitre 9

Clarifier les orientations à suivre

Qui aller voir en fonction du trouble ?

- Soit l'enseignant signale l'enfant en difficulté à la famille ainsi qu'au médecin scolaire ou de Protection maternelle infantile.
- Soit les parents alertent le médecin de famille.

•••

Dans tous les cas le médecin peut orienter vers :

- Un médecin phoniatre, spécialiste des diagnostics des troubles du langage et de leurs différentes orientations.
- Un orthophoniste (ou logopède), le spécialiste du langage (évaluation, diagnostic et rééducation du langage oral et écrit).
- Un psychologue aidera l'enfant et sa famille à mieux gérer l'affectif et tout ce qui s'y rapporte. Un neuropsychologue étudie la répercussion et la localisation cérébrale des difficultés d'apprentissages scolaires
- Un psychomotricien met en œuvre des moyens spécifiques pour permettre à l'enfant d'accomplir des progrès dans la conscience et la maîtrise de son corps et de son être.
- Un médecin neurologue ou un médecin pédiatre ou un médecin neuropédiatre peut demander des examens complémentaires afin de préciser le diagnostic.
- Le médecin pourra également orienter vers un Centre de référence (liste en fin d'ouvrage) spécialisé dans le diagnostic des troubles des apprentissages scolaires.

•••

> Il ne faut jamais orienter un enfant vers un système scolaire spécialisé sans avoir posé de diagnostic précis.

Les centres de références - pourquoi ?

Les centres de références permettent de poser un diagnostic précis du trouble de l'enfant. Ils rassemblent un certain nombre de professionnels spécialisés dans le diagnostic de troubles des apprentissages :

- Troubles du langage oral (dysphasie)
- Troubles de la lecture (dyslexie)
- Troubles de l'orthographe (dysorthographie)
- Troubles du graphisme (dysgraphie)
- Troubles du calcul (dyscalculie)
- Troubles visuo-spatiaux (trouble de la construction du dessin et de la représentation spatiale)
- Troubles de l'attention (hyper/hypo activité, impulsivité)
- Troubles de la coordination des mouvements (dyspraxie)
- Troubles de la mémoire
- Retard et précocité intellectuelle (la précocité intellectuelle peut se manifester par d'importants troubles des apprentissages scolaires...)
- Troubles dépressifs
- Troubles épileptiques

Tous les bilans des spécialistes et comptes rendus des enseignants accompagnant l'enfant sont demandés lors de la prise de rendez-vous.

En fonction de l'analyse de tous les bilans, le centre de référence peut demander d'autres examens si nécessaire : examen de l'audition, de la vision, exploration cérébrale...

Le médecin responsable du centre de référence pourra poser un diagnostic.

À partir de ce diagnostic il peut être prodigué simplement des conseils aux parents.

Il peut leur être conseillé une prise en charge par des spécialistes tels qu'orthophoniste, psychomotricien, ergothérapeute, psychologue...

Il peut être recommandé, si l'enfant est d'âge préscolaire, de fréquenter une garderie ou l'équivalent.

Il peut être préconisé des mesures adaptatives auprès de l'enseignant. Auparavant le médecin aura pris soin d'avertir le Directeur de l'école dont dépend l'enfant.

La liste des Centres de références est présentée en fin d'ouvrage.

Associations de parents d'enfant dysphasique

Le médecin peut orienter la famille vers une association de parents d'enfant dysphasique, si ce diagnostic a été posé. Il est important d'orienter les parents vers cette association qui les aidera à assumer leurs difficultés.

Adresses en fin d'ouvrage.

Chapitre 10

Cerner les mesures pédagogiques

Il s'agit là d'une progression à suivre, par les enseignants de réseau scolaire, dans le domaine du langage avec **des enfants présentant un retard de parole ou de langage** mais cette progression convient aussi aux enseignants de classe ordinaire, pour enrichir le temps langage **en classe**, avec **des enfants ne présentant aucune difficulté spécifique** dans ce domaine. Cette progression laisse la liberté à chacun d'imaginer comment la mettre en scène.

Les pré-requis du langage

- **Praxies bucco-faciales:** grimaces, gymnastique des lèvres, joues, langue, jeu de souffle.
- **Perception du schéma corporel et des mots qui s'y rapportent**.
- **Perception de la latéralité**: sur le corps, au sol, sur autrui, sur la feuille.
- **Notions spatiales:** vécu de l'espace avec le corps, avec un ballon puis sur papier: se référer aux concepts de base de Boehm.
- **Notions temporelles:** rythme, algorithme, succession dans le temps (à partir du vécu, de sériation...), symboliser les différents âges de la vie, marquer les fêtes du calendrier, symboliser les jours, les mois, les saisons sur des tableaux, repérer le jour et la nuit, avant/après, se référer aux concepts de base de Boehm.
- **Développement tactile** avec manipulations diverses: tri, main dans le sac...
- **Développement visuel:** jeu de kim, loto, puzzle, repérage de détails dans une grande image riche en détails. Connaissance des couleurs.
- **Développement auditif:** reconnaissance de bruits, loto sonore, activité musicale, travail de la **conscience phonologique** à l'aide de différents supports cités *en annexe*.

D'après le dictionnaire d'orthophonie[27] « La conscience phonologique est la conscience de la structure segmentale de la parole, aboutissant à la conscience des phonèmes et de leur enchaînement dans la chaîne parlée. Il s'agit de la capacité à identifier et à pratiquer des opérations sur les phonèmes ».

De nombreuses recherches ont montré l'existence d'un lien entre d'une part les troubles de la conscience phonologique et les troubles du langage, et d'autre part les difficultés d'apprentissage de la lecture. Il paraît donc très important de développer ces compétences (langage oral, entraînement phonologique) à l'école maternelle afin de développer les compétences sous-jacentes à la lecture.

Huit heures par an d'entraînement à la conscience phonologique en maternelle suffiraient pour prévenir efficacement les difficultés d'apprentissage de la lecture en classe primaire.

(M. Zorman)

Langage proprement dit

- Percevoir la **notion de verbe** : vivre l'action puis la symboliser – à travailler en opposition.
  Évoquer des verbes afin d'enrichir le vocabulaire, les comprendre (désignation sur des images), exercices de dérivations, de contraires, familles de mots, tri par catégorie, recherche d'intrus, mimer des actions, répondre à la question « que fait… ? ».
- Percevoir la **notion de nom** : travailler l'évocation et la désignation de personne / animal / chose, savoir répondre à la question « qui ? ». Savoir trouver des exemples dans chaque catégorie : cela enrichit le vocabulaire. Travail de tri, de contraires, faire des associations d'idées, trouver des synonymes, des familles de mots, produire des dérivations lexicales.
- Percevoir la **notion de genre et de nombre** en compréhension et en expression avec utilisation de pictogrammes.
- Percevoir la **notion de pronom personnel** : savoir utiliser le « je » et d'autres pronoms qui, en les utilisant, évitent les répétitions (exemple : le gâteau est bon ➛ il est bon). Les images et les histoires constituent un excellent support.

27. F. Brin *et al.*, *Dictionnaire d'orthophonie,* Ortho Édition, Isbergues, 1997.

- Notion de **pronom possessif** : ne pas utiliser « à moi » mais « mon, ma, mes… ». (exemple : je dessine **mon** nounours – avec geste sur ma poitrine / je dessine **ton** nounours – avec désignation d'un tiers).
- Notion de **pronom démonstratif** : à l'aide d'images produire des phrases du type : les garçons dorment, **ceux-ci** s'amusent...
- Notion de **différence et de comparaison** : tri, jeu de 7 familles, intrus, chercher où il y en a plus que ou moins que…
- Notion de **manque** : savoir répondre à la question « qu'est-ce qui manque ? » dans un dessin incomplet…
- Percevoir la **notion d'adjectif** en utilisant la question « comment ? » et en travaillant avec les couleurs, les formes, les dimensions les tailles, les sentiments. Toujours travailler en opposition et avec un support pictographique.
- **Forme négative :** « je veux / je ne veux pas » à mimer, à dessiner. Trouver la forme négative d'une phrase donnée par oral…
- Utilisation des **prépositions** : sur/sous…
- **Employer des questions :** qui, que, quoi, combien, où, comment, pourquoi, quand, lequel, avec quoi… Utiliser des dessins, des questionnaires, des devinettes.
- Apprendre à **construire des phrases** à partir d'un verbe ou de 2-3 mots ou de pictogrammes ou en réponse à des questions. Savoir remettre des phrases dans l'ordre correct.
    - Travailler avec le « qui ? fait ? quoi ? ». En répondant à ce type de questions et en utilisant le principe de la méthode de *la grammaire en couleur* nous accédons à la structuration de la phrase.
      Exercice de lecture indirecte (l'enseignant lit une phrase, les enfants la répètent...) puis raconter ce que l'on a répété. Inventer des histoires à partir d'images, critiquer des phrases absurdes, imaginer des sketchs avec des marionnettes. Travailler à partir du conte. Expliquer des proverbes, des expressions imagées, des publicités pour savoir gérer l'implicite.
    - Travailler dans les jeux de rôle pour accéder aux fonctions pragmatiques du langage.
    - Partir d'un support très prégnant pour aller vers un support moins prégnant sur lequel l'enfant ne pourra pas s'appuyer.
- Ne pas oublier d'entraîner **la mémoire** : mémoire immédiate à l'aide de phrases à répéter, de séries de mots et mémoire à long terme avec des poésies des comptines, des activités à partir d'histoire…

Mesures pédagogiques Pré-requis du langage
Praxies bucco-faciales
Développement de la perception du schéma corporel
Développement de la perception de la latéralité
Développement des notions spatiales
Développement des notions temporelles
Développement de la perception tactile
Développement de la perception visuelle
Développement des perceptions auditives et de la **conscience phonologique**

Mesures pédagogiques Langage proprement dit
Percevoir la notion de verbe
Percevoir la notion de nom
Percevoir la notion de genre et de nombre
Percevoir la notion de pronom personnel
Percevoir la notion de pronom possessif
Percevoir la notion de pronom démonstratif
Percevoir la notion de différence et de comparaison
Percevoir la notion de manque
Percevoir la notion d'adjectif
Percevoir la forme négative
Utiliser des prépositions
Employer des questions
Apprendre à construire des phrases
Entraîner la mémoire

Chapitre 11

Créer des mesures adaptatives

Ce chapitre concerne les **enseignants**. Ils trouveront dans ce chapitre les mesures à suivre lors de l'intégration d'un enfant dysphasique ou dyslexique dans une classe ordinaire. Les enseignants spécialisés du réseau scolaire sauront mieux adapter leur travail dans la prise en charge individuel.

Les **orthophonistes** pourront utiliser certaines mesures pour adapter leurs techniques de rééducation.

Beaucoup d'enfants dysphasiques peuvent être maintenus dans un cursus scolaire normal. Il en est de même pour les enfants dyslexiques. Pour ces enfants présentant des difficultés d'apprentissages propres à leur dysphasie / dyslexie, il est nécessaire d'adopter certaines attitudes qui leur permettront d'accéder aux connaissances scolaires.

Le Docteur Ch.-L. Gérard estime qu'une prise en charge précoce des enfants dysphasiques permettra à la majorité d'entre eux d'accéder à une formation professionnelle de niveau secondaire.[28]

En maternelle

- Partir du plaisir et de l'intérêt de l'enfant car le langage est pour lui une tâche ardue.
- Utiliser les processus qui sont conservés : entre autre le canal visuel à l'aide de pictogrammes, de gestes du type Borel-Maisonny (ou de la langue des signes, du Langage parlé complété, du français signé), d'affiches, de livres, de mots écrits, utilisation de l'ordinateur.
  Travailler le langage à partir des contes et autres récits fictionnels : associer des pictogrammes ; accentuer sa prononciation et parler lentement et précisément ; ne pas hésiter à mimer, mettre en scène l'histoire corporellement permet de conserver le plaisir de communiquer et constitue un excellent moyen de mémorisation.

28. C.-L. Gérard, *Évolution de l'enfant dysphasique*, Les actes du premier colloque sur l'audimutité, AQEA, Québec, 1996.

- L'enfant doit vous regarder: se placer à la hauteur de son visage permettra à l'enfant d'être plus attentif et de s'aider de la lecture labiale (dont il se sert intuitivement).
- Éliminer le surplus de stimulation lorsqu'on s'adresse à l'enfant (car souvent l'enfant dysphasique a des troubles de l'attention, ne supporte pas une ambiance bruyante car il n'arrive pas à inhiber les bruits extérieurs qui interfèrent dans la communication). On peut attirer l'attention de l'enfant par un contact physique.
- Prévoir des activités de courte durée avec alternance d'activité verbale et manuelle.
- Mettre en place des règles de communication dans la classe.
- La communication étant un travail laborieux pour cet enfant, privilégier les moments de la journée où l'enfant semble bien disposé pour mettre ces instants à profit.
- Dans la classe, ne tolérer qu'un seul élève parlant à la fois.
- Placer l'enfant près de l'enseignant et loin des fenêtres et de la porte (qui constituent des distracteurs).
- Mimer le message quand c'est possible.
- Inciter l'enfant à mimer ce qu'il veut dire ou à illustrer son message.
- Le repérage temporel est très difficile: utiliser un emploi du temps avec pictogrammes et le fournir à la famille pour favoriser l'utilisation à la maison. On peut également utiliser l'horaire des activités de la journée de l'enfant en la lui présentant sous une forme visuelle linéaire:
    - *Exemple : lecture → bricolage → goûter → etc.*

  «Cela facilite l'acquisition du concept temps en permettant à l'enfant de s'en faire une représentation visuelle; il visualise ce qui vient avant et après un exercice et l'enfant se sent beaucoup mieux et moins anxieux». [29]
- Mettre en place des automatismes.
- Éviter les changements de programme qui perturbent énormément ces enfants-là: anxiogènes.
- L'enfant organise et planifie difficilement une tâche: il faut donc représenter les différentes étapes requises à l'aide de photos, pictogrammes...Montrer également le produit fini avant de donner les consignes.

---

29. D. Noreau, J.-L. Tousignant, *Audimutité : pédagogie adaptée aux élèves*, Les actes du premier colloque sur l'audimutité, AQEA, Québec, 1996.

- Rythmer les mots avec les mains en frappant les syllabes.
- Procéder par champs sémantiques : l'enfant retient mieux si le mot-concept est associé aux autres concepts de son champ (jardin, terre, fleur, légume, râteau, arrosoir, escargot...).
- Contrairement aux mesures pédagogiques évoquées précédemment (applicables aux enfants ne présentant pas de retard ou un retard simple), éviter de travailler deux notions en opposition car l'enfant dysphasique les amalgamera plus facilement.
- Répéter souvent pour ancrer le modèle. Ne pas craindre de répéter et reformuler les mêmes consignes : la redondance est un excellent moyen d'intégrer le modèle. Associer systématiquement un pictogramme à un apprentissage effectué.
- Lui laisser le temps d'intégrer le message, de chercher comment dire les choses : le silence a autant de valeur que les mots eux-mêmes.
- Gratifier les succès de l'enfant. Encourager la production d'un son ou d'une syllabe. Accepter que l'enfant soit plus lent.
- Travailler les jeux et les bruits buccaux : souffle, grimaces.
- Avoir de fréquentes communications avec les parents, ne pas attendre que ce soit la catastrophe.
- Les informer qu'en raison des difficultés éprouvées par l'enfant nous souhaitons une communication fréquente. Solliciter les parents quand un thème va être abordé pour qu'ils « travaillent » le vocabulaire de ce thème avec l'enfant.
- Utiliser des exercices de rythmes, des comptines.
- Agir comme si nous apprenions une langue étrangère en réduisant notre langage, en articulant avec lenteur et exagération et en juxtaposant deux mots. Accepter la production de juxtaposition par l'enfant. Il vaut mieux une production maladroite qu'une absence de verbalisation.
- Faciliter l'expression de l'enfant par l'intermédiaire de l'ébauche orale : lui donner par exemple la première lettre ou syllabe.
- Apprendre à faire des phrases en utilisant « qui ? fait ? quoi ? » (avec désignation), s'appuyer sur le principe de la méthode de la *grammaire en couleur.*
- Développer la conscience phonologique en manipulant les sons du langage : utiliser le principe des mots puzzles (un mot de trois syllabes est dessiné sur trois morceaux de cartons...). Associer le frapper dans les mains et les gestes Borel-Maisonny.

- ➢ Accompagner ses mimiques, gestes… par du langage oral (bain de langage).
- ➢ Pour les problèmes de mémoire qui est souvent déficiente : ne donner qu'une consigne à la fois avec un support visuel, re-verbaliser la consigne et refaire verbaliser la consigne par l'enfant pour vérifier que l'enfant ait bien compris. Ou lui demander de réaliser un exemple si son langage est trop pauvre.
- ➢ Utiliser des phrases courtes et simples et parler lentement.
- ➢ L'amener à produire les différents actes du langage : demander, appeler, répondre, saluer, refuser, protester…
- ➢ Lui apprendre d'abord des mots, la correction de l'articulation viendra plus tard.

À partir du Cours Préparatoire

- ➢ Passer rapidement à l'apprentissage de la langue écrite car le support visuel l'aide à améliorer son langage oral. Donc contrairement aux idées reçues le maintien par exemple en grande section de maternelle n'est pas favorable à son évolution et il est préférable de le faire passer en CP.
- ➢ L'enfant dysphasique peut développer une dyslexie, il conviendra alors d'appliquer les mesures adaptatives spécifiques aux enfants dyslexiques (mesures indiquées ci-dessous).
- ➢ Écrire la consigne au tableau dès que l'enfant est lecteur pour renforcer la bonne compréhension de la consigne orale.
- ➢ Vérifier que la consigne écrite est comprise : l'enfant peut reformuler la consigne et faire une démonstration. Si l'enfant n'est pas lecteur, lui lire la consigne.
- ➢ Segmenter les énoncés et les simplifier, choisir pour cet enfant des caractères plus gros.
- ➢ Encourager l'élève à se manifester lorsqu'il n'a pas compris ce qui est dit.
- ➢ Éviter de souligner sans cesse ses erreurs pour ne pas le décourager.
- ➢ Lui laisser le temps de trouver ses mots et le faciliter si besoin en lui donnant l'ébauche du mot ou le faire choisir entre plusieurs mots.
- ➢ Utiliser le principe des Questions à choix multiples (QCM) pour les évaluations : l'enfant a bien appris sa leçon mais ne réussit pas à la retrouver et à la faire émerger de sa mémoire. Avec un QCM il n'aura qu'à choisir la réponse exacte et aura donc beaucoup moins de peine.

- Proposer le traitement de texte. L'apprentissage de la connaissance du clavier peut se faire avec l'aide d'une ergothérapeute.
- Laisser plus de temps à l'enfant pour la lecture des consignes.
- Contrôler ses connaissances à l'oral plutôt qu'à l'écrit.
- Noter le fond plutôt que la forme.
- Raccourcir la longueur des productions écrites (dictée, expression écrite).
- Utiliser des exercices à trous pour limiter les troubles du graphisme ou de l'orthographe.
- Ne pas pénaliser l'orthographe dans les matières autres que l'orthographe.
- Compter le nombre de fautes plutôt que d'enlever un point par faute : permet de valoriser les progrès.
- Noter, apprécier la qualité de sa correction afin de faire une note moyenne entre la dictée et la correction.
- Enregistrer les cours ou utiliser un secrétaire (Auxiliaire de vie spécialisé), un traitement de texte avec une personne de la famille ou choisir un enfant tuteur dans la classe qui vérifiera la prise de notes ou photocopiera ses propres notes afin de les donner à l'enfant en difficulté.
- Vérifier si les devoirs sont bien copiés dans le cahier de texte car l'enfant dysphasique a du mal à se repérer dans le temps (succession des jours de la semaine) et dans l'espace du cahier (saute des pages...).
- Mettre à disposition les tables de multiplication qu'il ne pourrajamais mémoriser et laisser libre usage de la calculatrice. Utiliser un traitement de texte avec correcteur d'orthographe.
- Valoriser les progrès même s'ils sont minimes et que l'enfant reste en dessous du niveau scolaire.
- Si les parents vivent mal l'échec scolaire et les devoirs à la maison demander l'aide d'un tiers (un étudiant par exemple) afin d'assurer la supervision régulière des devoirs et leçons.

•••

Du fait que le trouble est durable nous ne pourrons que nous adapter à cet enfant et non pas le faire évoluer radicalement. Mais ces mesures permettront à l'enfant de bénéficier des meilleures conditions pour apprendre à son rythme et à sa manière et de se développer harmonieusement. Pour mettre en place cette pédagogie l'enseignant a besoin du soutien de la famille, de l'aide du réseau scolaire et d'un partenariat indispensable avec l'orthophoniste et/ou d'autres professionnels spécialisés.

Toutes ces mesures demandent évidemment un important effort d'adaptation mais les enseignants ayant vécu ce type d'expérience expriment un enrichissement collectif de l'ensemble du groupe classe.

•••

L'ensemble des mesures adaptatives présentées dans cet ouvrage a été rédigé à partir de nombreuses observations et de lectures. Les ouvrages suivant ont été notamment utilisés :

- C. Chevrie-Muller, J. Narbonna, *Le langage de l'enfant*, Masson, Paris, 1996.
- P. Couteret, *Les troubles spécifiques du langage oral et écrit*, CD Rom du CNEFEI de Suresnes, 2004.
- M. Larose, *Indices d'anomalie du développement du langage chez l'enfant de 0 à 5 ans*, Les actes du premier colloque sur l'audimutité, AQEA, Québec, 1996.
- F. Lussier, J. Flessas, *Neuropsychologie de l'enfant*, Dunod, Paris, 2001.
- M. Mazeau, *Dysphasies, troubles mnésiques, syndrome frontal chez l'enfant*, Masson, Paris, 1999.

Chapitre 12

Travailler en partenariat

Ce petit chapitre s'adresse à tous, **enseignants, parents, rééducateurs, médecins** et donne quelques idées pour travailler en confiance mutuelle.

Écouter

Prendre du temps pour **écouter** les parents et les **informer** du trouble que présente leur enfant.

Prendre du temps pour écouter les différents intervenants.

Prendre du temps pour expliquer ce que chacun attend de l'enfant, quel **projet** il construit pour lui durant l'année scolaire.

Proposer, dès qu'un enfant est repéré et avant d'avoir les résultats des bilans définitifs, une réunion de concertation à l'école pour mettre en place des aménagements pédagogiques. Ces aménagements seront réajustés en fonction des résultats des bilans spécialisés.

Cahier de communication

Mettre en place un cahier de communication à l'attention des parents. Chaque intervenant notera le travail spécifique réalisé avec l'enfant. Les parents suivront, et même reprendront si nécessaire, le travail effectué. Ils pourront également noter des questions aux professionnels intéressés.

Complémentarité

L'orthophoniste et l'enseignant travailleront en complémentarité grâce à la mise en place d'un cahier où chacun notera ce qui a été réalisé avec l'enfant. Par exemple, la notion « x » a été abordée en classe, l'enfant a du mal à la comprendre. Cette notion pourra être reprise en individuel avec l'orthophoniste sous d'autres formes, car l'enseignant aura pris soin de noter cette difficulté dans le cahier. De même l'orthophoniste peut avoir trouvé une technique d'apprentissage qui fonctionne bien avec cet enfant. Il peut demander dans ce cahier si cette technique peut être utilisée systématiquement avec l'enfant.

L'orthophoniste peut proposer aux enseignants une relecture des questionnaires de repérage. Il peut également offrir des idées d'atelier langage pédagogique.

Libre à chacun d'inventer d'autres moyens de communication permettant le travail en partenariat.

Chapitre 13

Renforcer les pistes de rééducation orthophonique

Ce chapitre concerne les **orthophonistes**.

La rééducation découlera du bilan : nous établirons un projet individuel avec des objectifs prioritaires à atteindre. Ces objectifs seront évalués régulièrement au cours de la rééducation. Ces évaluations permettront de conforter ou modifier le fil conducteur de la rééducation.

Nous reprenons ici point par point les éléments du bilan et proposons quelques pistes de rééducation du langage oral ainsi que le matériel utilisé. Un paragraphe particulier sera consacré aux pistes de rééducation de la dysphasie. L'expression et la compréhension seront travaillées en parallèle.

La rééducation ne suit pas de progression particulière : l'important étant de savoir pourquoi et dans quels buts nous choisissons un jeu ou un exercice donné.

La liste des outils cités est en fin d'ouvrage.

1. Rééducation d'un retard simple de langage

➢ *Trouble de la perception auditive*

Travail des gnosies auditives :

* Reconnaissance de bruits.
  Matériel : loto sonore, logiciels type Audiolog, Gérip
* Reconnaissance d'instruments de musique yeux fermés.
* Reproduction de différents instruments dans un ordre donné.
* Reproduction de séquence rythmique.
* Reconnaissance de sons du langage (perception des syllabes dans les mots avec frappé dans les mains, jeux de rimes et de comptines que l'on peut mimer ou dessiner).
* Perception de la segmentation de syllabes.
* Perception des différents sons du langage : occlusive/constrictive, sourde/sonore, nasale/orale…

➢ *Trouble de la conscience phonologique*

Exercice de la conscience phonologique :

Nous pouvons suivre les progressions proposées dans :

- *Conscience phonologique test et rééducation,* Solal.
- *Conscience phonologique, éducation et évaluation,* La Chênelière, Mot à mot.
- *Phonorama, programme d'entraînement à la conscience phonologique*, Ortho Édition.

Matériel utilisé :

- *Lexidata.*
- Divers Logiciels.
- *L'apprenti lecteur, activités de conscience phonologique,* La Chênelière.
- *Lecture Plus,* Mot à mot : certaines planches concernent la conscience phonologique.
- Dans *le Test de conscience phonologique* utiliser *l'entraînement phonologique pré-lecteurs et lecteurs,* La Cigale.

➢ *Trouble de la reconnaissance des mots et de la compréhension lexicale*

- Création d'imagier à partir de photos découpées dans des catalogues publicitaires. Cet imagier fera référence au lexique déficitaire mis en évidence dans les épreuves du bilan.
- Jeux de désignation d'images.
  Matériel : Imagier du père Castor.
- Logiciels divers proposant des exercices de désignation.
- Utiliser des ouvrages proposant des pictogrammes simples (plus abstraits que les photos ou les images) permettant de travailler la désignation.

Ouvrages : Parler et lire avec les idéo-picto, Solal.
Lexique vivant, ECPA.

➢ *Trouble de la compréhension syntaxique*

- Exécution de consignes orales plus ou moins complexes.

Ouvrages : Attention, j'écoute ! De l'image à l'action ; Écouter, comprendre et agir, La Chênelière, Mot à mot.

- Rééducation de la conscience syntaxique.

Ouvrage : La conscience syntaxique, Ortho Édition.

* Lecture d'une histoire que l'enfant devra «raconter» par des dessins réalisés par l'enfant ou l'utilisation de pictogrammes.
* Exécution de dessins à partir de consignes de plus en plus complexes.
* Critique de phrases absurdes.

Ouvrage : Gestion de l'implicite, Ortho Édition.

➢ *Trouble de la mémoire, de la rétention auditive et visuelle*

(Mémoire verbale,auditive,visuelle, visuo-spatiale, tactile / Mémoire immédiate, à long terme, de travail).

* Jeu de kim.
* Association d'images par paires semblables : lotos divers.
* Reproduction de structures rythmiques diverses.
* Apprentissage de comptines.
* Travail par association d'idées.
* Travailler la représentation mentale.
* Restitution d'histoire à plus ou moins long terme.

Ouvrages :

Visuo-analyse, de la perception visuelle au raisonnement, Ortho Édition.

Mémoire de travail, Ortho Édition.

Compétence mémoire, Mot à mot.

Logiciels Gérip.

Contrôle mental et stratégie, Ortho Édition.

➢ *Troubles de l'attention*

Travailler l'attention soutenue, l'attention sélective, et l'attention divisée.

Jeux:

Jeu Speed, Fnac Junior.

Jeu du Uno, Mattel.

Jeux d'observations visuelles : Lynx, Mais où est passé Charlie ? La famille Oukilé, Mot à mot.

Jeux d'attention auditive : De l'image à l'action, Mot à mot.

Jeu du Chaudron de la sorcière, Éveil et jeux.

Le Cluedo Parker.

Ouvrage : Contrôle mental et stratégie, Ortho Édition.
Logiciels : Gérip, Audiolog….

➢ *Trouble de la dénomination*

Évocation des termes relatifs au schéma corporel :

* Reconstituer un bonhomme puzzle et évoquer les différents termes qui s'y rapportent, enlever des morceaux (l'enfant ferme les yeux) et demander alors à l'enfant ce qui manque.
* Fabriquer un bonhomme en pâte à modeler et faire évoquer à l'enfant les différentes parties du corps qu'il faudra façonner.

Évocation de verbes :

* Utiliser la forme impérative des verbes, à la troisième personne du singulier et vivre les actions évoquées. Accompagner ces gestes d'un dessin symbolique ou de pictogramme (monte/descends, allume/éteints, entre/sorts, donne/prends, pleure/ris...).
* Activité de tri avec découpage dans des catalogues : nous mettrons dans le ciel tous les animaux qui volent et dans l'eau tous ceux qui nagent...
* Donner le contraire des verbes (ouvrir ➢ fermer, pousser ➢ tirer...).
* Trier les verbes entendus par famille sémantique (marcher, avancer, courir / manger, boire, déguster...).
* Trouver un intrus sémantique dans une série de mots (s'asseoir, se reposer, *courir*, dormir...).
* Exercices de dérivation : à partir d'un verbe, trouver un ou plusieurs noms (travailler ➢ le travail, nager ➢ la natation, lire ➢ la lecture, le livre...).

Jeu :

Mimes et compagnie, Éveil et jeux.

Ouvrages :

Supports verbaux en orthophonie, Ortho Édition.
Parler et lire avec les idéo-pictos, Solal.

Évocation de noms :

* Travail d'évocation par catégories en triant les personnes à partir de photos (Papa, Maman, frère-sœur/copains, enseignant, orthophoniste, adulte/enfant), les animaux (domestiques/sauvages, vole/nage, poil/plume..), les objets (les aliments, les fruits/les légumes, les meubles, les véhicules...).
* Exercice de fin de phrases à compléter (le coiffeur me coupe les ... *cheveux*).
* Chercher un intrus dans une phrase ou dans une liste de mots ou d'images (carotte, radis, *pomme*, poireau, haricot).

* Évocation de termes catégoriels (orange, banane, fraise sont des ... *fruits*).
* Évocation de contraires (jour/nuit...), homophones (mer, mère, maire...) et synonymes (garçon, jeune homme, adolescent...).
* Construire des familles de mots (agriculteur, paysan, cultivateur...).
* Exercice de dérivation lexicale (à partir d'un verbe former un nom : sécher ➤ sécheresse, séchage, sèche-linge......).
* Évocation contenant/contenu (bol/lait, soupe...).
* Recodage d'énoncé : changer le maximum de termes dans la phrase sans modifier le sens (cet écolier est très distrait/ cet élève est très étourdi...).
* Trouver tous les sens d'un même mot (avocat : le professionnel, le fruit...).
* Fin de phrase automatique (à chaque main, nous avons cinq... *doigts*).
* Fin de phrase à corriger (les ânes ont de grandes lunettes...).
* Jeu du bac (par oral si l'enfant n'est pas encore dans l'écrit). Par exemple trouver cinq noms d'animaux, cinq noms de couleurs, cinq noms de moyens de transport....

Jeux :

No panic, Mattel.

Les petits incollables, Ravensburger.

Ouvrages :

Lexique vivant, ECPA.
Supports verbaux en orthophonie, Ortho Édition.
Parler et lire avec les idéo-pictos, Solal.
Contrôle mental et stratégie, Ortho Édition.

Évocation d'adjectifs :

* Nous travaillerons à partir de la question : comment ? (couleurs, formes, dimensions, tailles, défauts, qualités physiques, esthétiques, sentiments) à l'aide de dessins, de photos. L'enfant est très sensible au découpage-collage : par exemple nous dessinons une robe *longue* ➤ nous la coupons, elle devient une robe *courte ;* un oiseau *enfermé* dans une cage deviendra un oiseau *libre* en découpant une ouverture dans la cage ; des volets *ouverts* ou *fermés* dans une maison dessinée avec découpage des fenêtres afin que les volets puissent s'ouvrir ou se fermer ; découper des photos de fruits et dessiner une corbeille, l'enfant doit faire en sorte que la corbeille soit *pleine* ou *vide ;* trier les aliments *sucrés* et *salés ;* mettre *beaucoup* ou un *peu* de billes ou coller des gommettes, opposer un bonhomme *grand* et *petit* avec un dessin de bonhomme qui se plie ou déplie ; idem avec *gros* et *maigre* ...

* Évocation de contraires (épais/mince...).
* Jeu de sept familles (utilisant des adjectifs).
* Jeux de comparaison (pareil/pas pareil) sur l'enfant lui-même, sur des dessins, activité de tri, jeux d'observation de différences entre deux images quasiment similaires.
* Chercher un intrus dans une série d'adjectifs (fané, *frais*, vieux, flétri...).
* Exercice de dérivations: à partir d'un verbe trouver un nom et un adjectif de la même famille (avantager/avantage/avantageux...) et vice versa à partir d'un nom trouver un verbe et un adjectif de la même famille (chaleur/chauffer/chaud...).

Ouvrages :

Supports verbaux en orthophonie, Ortho Édition.
Parler et lire avec les idéo-pictos, Solal.

➢ *Trouble de la pragmatique*

* Jeux de rôle (jeu de marchande, de maîtresse, de papa/maman, téléphone...).
* Jeu de marionnettes à partir d'une histoire racontée ou inventée...
* Jeux de cartes divers où chaque joueur prend son tour de parole...
* Déterminer le niveau discursif d'un interlocuteur, à partir de vidéos...

Matériel : Syntax/Pragma, Entha Ediciones, Mot à mot.

➢ *Trouble de la fluence*

* Jeux d'association d'idées: je dis un mot et l'enfant associe le plus rapidement possible un autre mot qui lui vient à l'esprit sans justifier pourquoi il dit ce mot et ainsi de suite... (fluidité verbale).
* Jeux d'évocation par champ sémantique (donner un maximum de mots sur le thème des vacances ou du sport...) ou par champ phonologique (donner un maximum de mots commençant par tel phonème...). Jeux utilisant des stratégies associatives.

Ouvrages :

Supports verbaux en orthophonie, Ortho Édition.

➢ *Trouble de la production syntaxique*

Matériel/jeux/ouvrages :

* Phrases puzzles: à partir d'images l'enfant construit des phrases structurées avec sujet/verbe/compléments.
  Mes premières phrases, Méga bleu.
* Travail précis de la construction syntaxique: une fois que l'enfant maîtrise ce type de construction de phrases, nous passons à un stade

plus symbolique où chaque mot de la phrase est représenté par un pion de couleur différente selon la fonction du mot dans la phrase. Soit nous proposons une phrase que l'enfant doit coder avec les pions, soit nous proposons une structure de phrase à l'aide des pions et l'enfant doit produire une phrase correspondante à cette structure.
Les mots en formes et en couleurs, Ortho-Édition.

* Jeux de production de phrases avec des critères spécifiques : utilisation dans la phrase de certains mots outils par exemple.
  Une phrase à la fois, La Chênelière, Mot à mot.
  Combien ? Mot à mot.
  Pourquoi ? Mot à mot.
  Histoire de parler, histoires en images, Mot à mot.
  Supports verbaux en orthophonie, Ortho Édition.
* Utilisation de la forme négative :
  - ➣ En mimant puis en dessinant : je veux/je ne veux pas, je mange/ je ne mange pas, j'aime/ je n'aime pas, la nuit je dors/ le jour je ne dors pas...
  - ➣ Proposer des phrases affirmatives et trouver la forme négative et inversement.
* Percevoir la notion de genre et nombre :
  - ➣ Travailler (en dénomination et en désignation) par activité de tri d'objets, d'images, de mots masculin ou féminin en symbolisant le genre par un pictogramme (le ➣ pictogramme garçon/ la ➣ pictogramme fille).
  - ➣ Exercice identique avec le nombre (un ➣ pictogramme unique / plusieurs ➣ pictogramme multiple).
  - ➣ Travail d'évocation sans support de mots masculin/féminin ou singulier/pluriel.
  - ➣ Recherche d'intrus dans une liste d'images puis de mots.
  - ➣ Transformation de phrases singulier/pluriel ou féminin/masculin.
* Utilisation des prépositions :
  - ➣ Découper des images représentant des objets sur ou sous une table par exemple et l'enfant doit classer ces images en deux catégories (sur ou sous). Il pourra produire la phrase correspondante en utilisant la préposition adéquate.
  - ➣ Essayer de comprendre les différentes significations des prépositions dans des situations diverses : il part *à* l'école/il part *de* l'école...
  - ➣ Trouver les contraires de différentes prépositions.

- ➛ Construction de phrases en intégrant telle ou telle préposition. *Ouvrage : Une phrase à la fois*, Mot à mot.

* Emploi de questions :

- ➛ Avec des dessins, des questionnaires.
- ➛ Jeu de devinettes : je pense à quelque chose, l'enfant doit deviner ce à quoi je pense en posant des questions, je ne réponds que par oui/non. Puis nous inversons les rôles.
- ➛ Questions de culture générale.
- ➛ Choisir un mot et trouver le maximum de questions auxquelles nous pourrions répondre.

Jeux :

Qui est-ce ? MB.

Les petits incollables, Ravensburger.

Ouvrages :

Supports verbaux en orthophonie, Ortho Édition.

Une phrase à la fois, Mot à mot.

Pourquoi, comment ? Mot à mot.

* Construire des phrases :

- ➛ À partir d'un verbe donné ou de deux ou trois mots ou de pictogrammes l'enfant doit produire une phrase.
- ➛ Construire des phrases en réponse à des questions posées.
- ➛ Donner oralement des phrases en désordre et l'enfant doit remettre les phrases en ordre (fait travailler la mémoire également).
- ➛ Lecture directe ou indirecte puis l'enfant raconte l'histoire avec ou sans support imagé.
- ➛ Fin de phrases automatiques.
- ➛ Jeu de sept familles en faisant attention à bien construire ses phrases.
- ➛ Critique de phrases absurdes sur le plan sémantique ou syntaxique (elle part en vacances pour *travailler*, il *faisons* chauffer le lait…).
- ➛ Sériation et bande dessinée à raconter.
- ➛ Inventer un conte à partir d'images évocatrices.
- ➛ Imaginer un sketch avec des marionnettes.
- ➛ Explication de proverbe (L'habit ne fait pas le moine…).
- ➛ Expression imagée : essayer de représenter par des pictogrammes des expressions telles que « avoir l'estomac dans les talons » ou « les murs ont des oreilles »… Expliquer ces expressions en construisant correctement les phrases.

- ➛ Phrases vraies ou fausses.
- ➛ Partir d'une phrase et chercher une phrase homophone correspondante (C'est tout vert/C'est ouvert…).
- ➛ Lire une histoire, un conte et l'enfant raconte l'histoire avec ses mots.

Ouvrages :

Une phrase à la fois, Mot à mot.

Supports verbaux en orthophonie, Ortho Édition.

La conscience syntaxique, Ortho Édition.

Le conte et l'apprentissage de la langue, Retz.

Trésor de fables, L'école des loisirs.

Utilisation du conte et de la métaphore, Masson.

➢ *Trouble de production phonologique*

- ∗ Les jeux de perceptions auditives et de conscience phonologique cités plus haut sont d'un grand intérêt pour rééduquer les troubles de production phonologique.
- ∗ Utiliser les comptines à mimer, à chanter.

Ouvrage : La rééducation du langage de l'enfant, F. Estienne, Masson.

➢ *Trouble des praxies bucco-faciales*

- ∗ Concours de grimaces devant le miroir.
- ∗ Jeu de souffle sur une boule de coton (dessiner une bergerie et nous imaginons que nous faisons rentrer des moutons à la bergerie).
- ∗ Jeu de souffle sur une balle de ping-pong (réaliser un match de foot en dessinant un terrain de foot sur une grande feuille de papier).
- ∗ Jeu de souffle sur une boule de cotillon (faire suivre à la boule un trajet sur papier en contrôlant son souffle).
- ∗ Jeu de souffle sur une bougie (faire vaciller la flamme en soufflant tout doucement, éteindre la bougie en n'utilisant que son nez).
- ∗ Exercice avec élastique pour muscler la langue (rééducation de la déglutition).
- ∗ Exercice avec un crayon pour muscler les lèvres (maintien du crayon entre les lèvres uniquement...).
- ∗ Produire des bulles dans un verre d'eau à l'aide d'une paille.

Ouvrage : La rééducation du langage de l'enfant, F. Estienne, Masson.

➢ ***Trouble d'acquisition des concepts de base***

- Latéralité : l'enfant devra sentir sur lui, sur autrui et sur papier la notion de droite et de gauche. Utilisation de balle, de dessin, de pâte à modeler...
- Notions spatiales :
  - Sentir les différentes notions spatiales au sol avec un ballon, puis sur un tableau mural.
  - Puis sur papier à l'aide de dessins et découpage. (Dessiner un trait en haut, un rond à gauche, découper une souris dans du papier et la faire passer devant/ derrière/autour d'une maison dessinée sur le cahier).
  - Tableau à double entrée où l'enfant doit retrouver sur une ligne la même position d'un objet dans la colonne...
  - Construction de phrases avec intégration des termes spatiaux.

Ouvrage : Une phrase à la fois, Mot à mot.

- Notions temporelles :
  - Exercice de reproduction rythmique, de reproduction d'une succession d'action, de mouvement.
  - Expérimenter les modifications de la bougie qui se consume avec dessin ou photo numérique ; expérience similaire avec plantation de graines de lentilles dans du coton mouillé (d'une séance à l'autre l'enfant verra l'évolution).
  - Percevoir les étapes de la vie avec des photos de famille puis des dessins symboliques.
  - Construire un emploi du temps en symbolisant les jours d'école par un cartable, les jours de repos par une maison, positionner les séances d'orthophonie, les activités extra scolaires, les repas...
  - Mettre en avant les fêtes (halloween, Noël, Pâques...), les anniversaires, les périodes de vacances...
  - Apprendre des comptines sur les jours de la semaine, les mois et les saisons (les symboliser).
  - Représenter ce que je fais le jour/ ce que je fais la nuit.
  - Travail important sur les activités séquentielles : habiller dans l'ordre correct un petit bonhomme, sériations à reconstituer, positionner des objets en ligne (en premier, en dernier, en troisième...), algorithmes.
  - Lecture indirecte.

Jeu : Temporel, Mot à mot.

* Couleurs :
  - ➤ Travail de reconnaissance des couleurs avec tous les outils scripteurs (crayon, stylo, feutre, peinture...).
  - ➤ Une couleur sera représentée par plusieurs dessins évocateurs : rouge ➤ radis, bouche, pompier, père Noël, coccinelle...
  - ➤ Proposer des coloriages codés.
  - ➤ Créer des mosaïques pour une même couleur en découpant tout ce qui est vert dans un catalogue puis en collant ce découpage dans le cahier.
  - ➤ Représenter les feux tricolores avec une voiture qui roule : faire nommer les couleurs.
* Notion de manque :
  - ➤ Construire un objet en pâte à modeler, l'enfant ferme les yeux, l'orthophoniste enlève une partie de la construction : qu'est-ce qui manque ?
  - ➤ Dessiner un chat avec une queue et dessous dessiner une série de chats avec ou sans queue : qu'est-ce qui manque ? (Idem avec bonhomme, voiture, meuble, avion...).
  - ➤ Dessin à compléter.
  - ➤ Jeu de kim avec objets puis images.
* Notion de comparaison :
  - ➤ Le plus petit : série d'images et l'enfant doit rayer le plus petit.
  - ➤ Le même : qui regarde du même côté dans le dessin ?
  - ➤ Plus petit/plus grand : classer des objets du plus petit au plus grand.
  - ➤ Intrus dans une image : jeu d'observation de deux images presque semblables.
  - ➤ Classement d'images par couleur, taille, nombre, quantité.
  - ➤ Compléter une image pour qu'elle soit semblable à une autre.
  - ➤ Mettre autant d'éléments identiques (puis des éléments différents) dans deux ensembles : je mets autant de poires que de pommes...
  - ➤ Plus que/moins que : deux cases, une case est remplie par l'orthophoniste, l'enfant remplie l'autre case selon la consigne donnée.

Tableau récapitulatif

Principes de rééducation du langage oral en fonction du trouble présumé

Trouble	Principe de rééducation orthophonique du langage oral
Trouble de la perception auditive	Travail des gnosies auditives
Trouble de la conscience phonologique	Entraînement à la conscience phonologique
Trouble de la reconnaissance des mots et de la compréhension lexicale	Utilisation et création d'imagiers, de pictogrammes avec jeux de désignation
Trouble de la compréhension syntaxique	Exécution de consignes orales, rééducation de la conscience syntaxique, critique de phrases absurdes, lecture d'histoires que l'enfant « racontera » à sa manière
Trouble de la mémoire verbale, auditive, visuelle, visuo-spatiale, tactile	Kim, lotos, rythme, comptines, divers jeux de mémoire immédiate, mémoire à long terme, mémoire de travail
Trouble de l'attention	Jeux d'observation et d'attention soutenue, attention sélective, attention divisée

Trouble de la dénomination	Évocation de termes relatifs au schéma corporel, évocation de verbes, de noms, d'adjectifs
Trouble de la pragmatique	Jeux de rôle, marionnettes, jeux de cartes
Trouble de la fluence	Associations d'idées, évocation par champ sémantique, stratégies associatives, fluidité verbale
Trouble de la production syntaxique	Travail de la construction syntaxique avec production de phrases, utilisation de questions, utilisation de la forme négative, utilisation du genre et du nombre, des prépositions, utilisation du conte
Trouble de production phonologique	Comptines à mimer, chants, utilisation d'images, d'histoires
Trouble des praxies bucco-faciales	Travail de tous les mouvements bucco-faciaux
Trouble des concepts de base	Exercices de latéralité, notions spatiales, temporelles, couleurs, notion de manque, de comparaison

2. Principes spécifiques à la rééducation de la dysphasie

Les **mesures adaptatives** citées dans le chapitre 10 seront utilisées par l'orthophoniste.

Chaque notion abordée ne sera pas travaillée en opposition car l'enfant dysphasique aura tendance à confondre les notions. Par exemple les notions haut/bas ne seront pas évoquées simultanément.

Langage oral

* La discrimination auditive sera travaillée avec beaucoup d'insistance. Il en sera de même avec la mémoire et l'attention.
* Aider l'enfant à mieux se représenter les positions articulatoires en lui fournissant des schémas des organes phonatoires avec les positions articulatoires.
* Le lexique sera abordé sous tous ses aspects : catégorisation, généralisation, partie d'un tout...
* L'enfant dysphasique a beaucoup de mal à décrocher des aspects concrets du langage, il prendra facilement les mots au « pied de la lettre ». Il sera important d'expliquer des expressions imagées à partir de jeux : reconstituer à partir de deux images (estomac, talons), une expression imagée puis l'expliquer (avoir l'estomac dans les talons)...Ce travail pourra se faire à partir de vidéos publicitaires en expliquant l'implicite (ou simplement à partir de publicités dans les magazines).
* Déterminer à partir de vidéos ou de bandes dessinés le type de discours utilisé : colère, sérieux, humour...

Travailler en parallèle la lecture

* Monter rapidement la lecture permet à l'enfant de mieux se concentrer et peut l'aider à placer son langage : le canal visuel étant conservé (par opposition au canal auditif qui n'est pas fiable). Il vaut mieux ne pas maintenir en grande section de maternelle un enfant dont il a été diagnostiqué une dysphasie. Il a été constaté que bien souvent l'enfant dysphasique effectuait des progrès importants dans son langage grâce à la mise en place de la lecture. L'enfant aura bien évidemment besoin d'un grand soutien.
* Travailler la conscience phonologique.
* Mettre en place la lecture en utilisant tous les moyens (certains étant plus efficaces que d'autres en fonction des aptitudes de chaque

enfant) : Gestes Borel Maisonny, gestes du langage parlé complété, gestes de la langue des signes, lecture analytique / lecture globale.

* Travailler le graphisme en parallèle : l'enfant dysphasique présente souvent des troubles de la motricité fine.

* Garder en tête qu'il faut donner à l'enfant la possibilité d'avoir une lecture fonctionnelle afin de se débrouiller dans la lecture d'un plan ou de renseignements administratifs...

Utilisation de pictogrammes

Les pictogrammes servent de support à la rééducation :

- évocation visuelle et mémorisation du lexique
- mémorisation des structures syntaxiques
- perception de la notion de mot
- introduction à la lecture : lecture d'abord idéographique puis ajout des mots outils en lecture globale, puis travail de la segmentation des mots en syllabes en associant systématiquement la première syllabe d'un mot à la représentation idéographique d'un mot référent (ba de ballon...). Puis nous lui apprendrons à combiner ces syllabes pour former des mots nouveaux. Proposer des textes courts avec des pictogrammes : l'enfant verra plus rapidement l'intérêt du langage écrit.
- constitution d'un moyen de communication pour un enfant ayant très peu de langage (création d'un classeur de communication que l'enfant emportera avec lui : il désignera les pictogrammes correspondant à ce qu'il veut évoquer).

Utilisation de gestes

Les enfants dysphasiques sont aidés par la communication complétée de gestes : gestes Borel Maisonny, français signé, langage parlé complété...Leur attention est plus soutenue, la compréhension est facilitée. Tester avec l'enfant les gestes qui lui sont les plus évocateurs.

Utilisation de la méthode des jetons

- Méthode de la grammaire en couleur
- Mots en forme et en couleur (Ortho Édition)

Ces méthodes (utilisables individuellement ou en groupe) permettent de travailler la mémoire verbale, la segmentation en mots et la construction syntaxique en visualisant les productions : soit l'enfant écrit une phrase avec des pions de couleurs soit il évoque une phrase à partir d'une série de pions proposés. Associer le langage écrit rapidement.

Utilisation de la synthèse vocale

Logiciel de traitement de textes sonorisés : utilisé lors de l'accès à l'écrit. Permet d'assurer un retour vocal du message émis à partir de désignation d'un pictogramme ou d'un mot écrit (association mot global, représentation sémantique, image sonore).

Utilisation du clavier d'ordinateur

Logiciel de traitement de textes avec correcteur d'orthographe.

Utilisé lorsque l'enfant a un graphisme maladroit, ou écrit avec une grande lenteur. L'enfant doit être entré à minima dans la lecture pour pouvoir retranscrire correctement. Il faut également une connaissance suffisante du clavier.

Expression corporelle, mime, chant, dessin

L'enfant dysphasique trouvera dans ce type d'activité un autre moyen de communication où il ne sera pas en échec : le théâtre, le mime, le chant, le dessin favoriseront son épanouissement.

Attention, mémoire, fonctions exécutives

L'attention, la mémoire et les fonctions exécutives seront travaillées de façon intensive. L'enfant dysphasique présente de grandes lacunes dans ces domaines. Nous nous référons au chapitre précédent concernant cette rééducation.

Tableau récapitulatif

Principes spécifiques de rééducation de la dysphasie

Adopter les mesures adaptatives citées dans le chapitre 11
Travail adapté du langage oral
Monter rapidement la lecture
Effectuer un travail spécifique de l'attention, de la mémoire, des fonctions exécutives
Utiliser des pictogrammes
Faciliter la communication par des gestes
Travailler avec la méthode des jetons
Utiliser la synthèse vocale si nécessaire
Apprendre à manipuler un clavier d'ordinateur
Pratiquer tous les moyens d'expression

Chapitre 14

À propos de la dyslexie...

Tout d'abord qu'est-ce que la lecture ?

Lire est le résultat d'une multiplication d'une bonne reconnaissance des mots par une bonne compréhension des mots identifiés ; si l'un des deux facteurs est nul ou insuffisant, la lecture sera compromise. Nous pouvons illustrer cette opération par la formule de Gough et Tunmer (1986) :

$$L = R \times C$$

L : Lecture
R : Reconnaissance des mots (ou identification)
C : Compréhension syntaxique et lexicale

Si R ou C ou les deux sont perturbés, la lecture sera perturbée avec toutes les conséquences que cela peut entraîner.

R s'automatise durant le CE2, cela correspond à la vitesse de lecture acquise en moyenne à 8 ans et demi. Tant que l'enfant n'a pas atteint cette vitesse, R n'est pas suffisamment automatisée. L'enfant va mettre toute son attention sur cette identification et la compréhension sera difficile. Il faut donc d'abord automatiser R pour ensuite travailler la compréhension.

Un trouble d'identification (R) révèle une dyslexie.

Un trouble de compréhension (C) révèle un trouble du langage oral (avec des difficultés en orthographe grammaticale).

Le modèle simplifié de lecture ci-dessous illustre les processus mis en jeu :

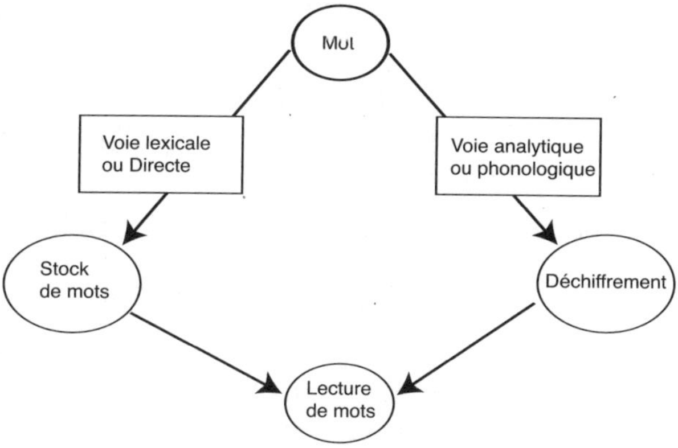

Modèle de lecture

14

Un exemple : A*ujourd'hui, ma femme est allée acheter du néostigmine à la pharmacie.*

➢ Comment avez-vous lu cette phrase ? Êtes-vous passé par le déchiffrage uniquement ou avez-vous lu en faisant référence à un stock de mots connus globalement ?

Vous avez utilisé les deux voies ci-dessus. Les deux voies sont nécessaires pour lire tous les mots du français : la voie lexicale permet la lecture des mots irréguliers (femme, monsieur, orchestre, écho…) et de lire rapidement la plupart des mots (allée, acheter, table, livre...). La voie phonologique permet la lecture des mots difficiles ou nouveaux (néostigmine = médicament).

En bref qu'est-ce que la dyslexie ?

Il faut distinguer la dyslexie d'un trouble d'apprentissage de la lecture. Le trouble d'apprentissage de la lecture n'est qu'un retard dans les acquisitions de la langue écrite. La dyslexie est un trouble durable qui ne « guérit » pas : l'enfant ou l'adulte va compenser sa dyslexie et va s'adapter face à ce trouble.

Il s'agit d'un trouble reconnu. L'élève a été diagnostiqué comme étant dyslexique. Il s'est motivé pour venir chez un spécialiste (orthophoniste, neuropsychologue…). Il mérite donc une attention particulière.

Parfois l'élève dyslexique produit moins de fautes d'orthographe qu'un élève non dyslexique. Nous sommes-nous posés la question : à quel prix obtient-il ces résultats? Combien passe t-il de temps sur ses devoirs pour compenser son trouble orthographique ou ses autres troubles?

- la dyslexie est un trouble spécifique lié au langage écrit mais non pas à l'intelligence;
- le patient dyslexique est indemne de troubles sensoriels, moteurs, épileptiques, affectifs, il présente un quotient intellectuel moyen (égal ou supérieur à 85), et a suivi une scolarisation normale;
- un dyslexique présente 18 mois de retard en vitesse en lecture (par rapport à son âge réel) à partir de tests étalonnés, associé d'un trouble cognitif (qui nous révèle un léger dysfonctionnement neurologique);
- il présente souvent une déficience posturale : contraction des épaules, scoliose, torticolis, démarche particulière, déglutition primaire… (Docteur Patrick Quercia, ophtalmologiste à Beaune).

Parmi les troubles cognitifs, le dyslexique peut présenter :

* soit des *troubles phonologiques* : la voie phonologique est atteinte, dans le modèle ci-dessus.
Ces troubles se manifestent par des confusions de sons (le dyslexique a des difficultés à poser des frontières entre les sons), qui occasionnent une gêne pour différencier les sons entendus et provoquent des difficultés en lecture (comment dois-je prononcer?) et en transcription (qu'est-ce que j'ai entendu ?). L'atteinte de la voie phonologique entraîne aussi des difficultés de dénomination rapide d'images, lorsqu'il faut mettre rapidement une « étiquette » sonore sur une image donnée ; ainsi que des troubles de mémorisation (dyslexie phonologique) ;

* soit des *troubles visuo-attentionnels* : la voie lexicale est atteinte dans le modèle de lecture ci-dessus (difficultés à mettre son attention sur une séquence globale de lettres, erreurs visuelles) (dyslexie de surface ou visuo-attentionnelle) ;

* soit l'association des deux : les deux voies sont touchées (dyslexie mixte).

Imaginons notre quotidien avec une gêne dans l'accommodation associée à une perception permanente de brouhaha... Cela nous provoquerait maux de tête, fatigue, énervement, stress, tension importante... C'est ce que ressent le sujet dyslexique.

➘ Souvent le sujet dyslexique présente également des troubles de l'attention.

➘ La dyslexie est un trouble qui dure dans le temps et qui résiste à la rééducation orthophonique (la rééducation est laborieuse et les résultats ne sont visibles que sur du long terme).

➘ L'orthographe est souvent déficiente chez le dyslexique car elle demande un travail d'évocation basé sur une mauvaise identification (R).

➘ Il s'agit souvent d'un trouble héréditaire (50% des enfants dyslexiques ont un parent dyslexique, le gène responsable de la dyslexie a été localisé).

➘ Il existe souvent des troubles émotionnels et des perturbations du comportement pendant l'âge scolaire.

➘ Le dyslexique fournit des efforts importants pour des résultats qui ne sont pas à la hauteur des efforts fournis. Nous aurions envie de dire « Peut mieux faire » ou « Ne travaille pas assez »... Ce n'est malheureusement pas possible.

➘ Certains dyslexiques arrivent à compenser suffisamment : ils obtiennent des résultats corrects et n'inquiètent personne. Ils pourraient alors passer pour de faux dyslexiques : il a des résultats corrects, il n'est pas dyslexique. Mais nous sommes-nous posé la question des efforts fournis pour arriver à de tels résultats ?

- Certains dyslexiques se découragent (fatigue, déprime, peu ou pas de soutien familial...) et deviennent des éléments perturbateurs dans une classe. Les résultats deviennent rapidement catastrophiques.
- L'emploi du temps du dyslexique est souvent très chargé : devoirs coûteux (demandant beaucoup d'énergie), rééducation orthophonique et/ou orthoptique, parfois suivi psychologique, prise en charge psychomotrice...
- L'enfant étant lent, il n'a pas forcément le temps de copier tout le cours ou les devoirs ; mais il n'osera rien dire car il se croit plus bête qu'un autre (« Je suis une quiche car je n'ai pas réussi à faire aussi vite que les autres »). Il est alors difficile d'apprendre ses leçons ou de téléphoner tous les jours à un copain pour demander les compléments... L'enfant s'enfonce alors tout doucement.
- Il a du mal à organiser son travail (méthodologie), il n'arrive pas à classer ses documents et oublie ses affaires. Il a du mal à gérer son cahier de textes.
- Il présente des troubles de la mémorisation : il retient mal les leçons, il a l'impression d'apprendre du « charabia ». Il ne mémorise pas l'orthographe (sensation de lettres qui bougent ou lettres parasites).
- Il présente parfois des difficultés dans l'orientation : il se perd dans le temps, mélange les jours, se trompe dans l'emploi du temps, mélange les feuilles de son classeur. Il se perd dans le collège, se trompe de salle.
- Les retentissements psychologiques arrivent alors avec une très mauvaise estime de soi, un manque de confiance en soi et un découragement très facile.

Les outils de dépistage de la dyslexie

- **ODEDYS** (Outil de dépistage de la dyslexie, CE1 – 5ème). Permet d'évaluer le niveau de lecture (déchiffrage). Permet une première évaluation des processus utilisés pour la lecture et des troubles cognitifs associés. Permet également de suivre l'évolution des performances des enfants ayant des troubles du langage écrit.
- **Vitesse en lecture** de Khomsi
  - passation individuelle ou collective,

- CE1 à 1ère,
- passation rapide : 2 minutes ;
- donne un résultat de vitesse en lecture, ainsi qu'un score de précision en lecture ;
- résultats visualisés par un profil et comparés à une moyenne ;
- ECPA (Édition du Centre de psychologie appliquée, Paris).

➢ **Timé 3** de Ecalle, Test d'identification de mots écrits
- CE1 à 3ème,
- passation individuelle ou collective
- donne un âge lexical
- les résultats sont regroupés en profil (A, B, C, D)
- Éditions mot à mot

⚠ **Attention ! Ces tests ne permettent pas de poser un diagnostic. (Faire attention aux termes utilisés avec les familles!)**

Ils permettent d'aider à repérer un enfant en difficulté.

Le diagnostic sera posé par un spécialiste (médecin, neuropsychologue, orthophoniste, psychomotricien...)

Aménagements pédagogiques que l'on peut appliquer face à un enfant dyslexique

Proposés par des enseignants spécialisés travaillant en milieu hospitalier. (à adapter en fonction des difficultés de l'enfant et des contraintes matérielles).

➢ Laisser plus de temps à l'enfant pour la lecture des consignes. S'assurer que toutes les consignes écrites soient bien comprises avant la réalisation ; lui faire reformuler si besoin.

➢ Proposer un délai plus long pour la lecture d'ouvrages à la maison.

➢ Encourager l'élève à se manifester lorsqu'il n'a pas compris ce qui est dit.

➢ Éviter de souligner sans cesse ses erreurs pour ne pas le décourager.

➢ Compter le nombre de fautes plutôt que d'enlever un point par faute : permet de valoriser les progrès.

➢ Noter, apprécier la qualité de sa correction afin de faire une note moyenne entre la dictée et la correction.

- Ne pas pénaliser l'orthographe dans les matières autres que l'orthographe.
- Utiliser le principe des Questions à choix multiples (QCM) pour les évaluations : l'enfant a bien appris sa leçon mais ne réussit pas à la retrouver et la faire émerger de sa mémoire. Avec un QCM il n'aura qu'à choisir la réponse exacte et aura donc beaucoup moins de peine.
- Proposer le traitement de texte quand le graphisme et l'orthographe sont trop perturbés. L'apprentissage de la connaissance du clavier peut se faire avec l'aide d'un ergothérapeute.
- Contrôler ses connaissances à l'oral plutôt qu'à l'écrit.
- Noter le fond plutôt que la forme.
- Raccourcir la longueur des productions écrites (dictée, expression écrite). Laisser du temps pour la transcription écrite, pour la relecture.
- Utiliser des exercices à trous pour limiter les troubles du graphisme ou de l'orthographe.
- Enregistrer les cours ou utiliser un secrétaire (Auxiliaire de vie spécialisé), un traitement de texte avec une personne de la famille ou choisir un enfant tuteur dans la classe qui vérifiera la prise de notes ou photocopiera ses propres notes afin de les donner à l'enfant en difficulté.
- Vérifier si les devoirs sont bien copiés dans le cahier de texte (car l'enfant dyslexique peut avoir du mal à se repérer dans le temps (succession des jours de la semaine) et dans l'espace du cahier (saute des pages...). Proposer un binôme qui écrit bien : le dyslexique pourra photocopier les cours et les devoirs. La secrétaire de l'établissement pourrait être prévenu de « ces candidats à la photocopieuse » !
- Mettre à disposition les tables de multiplication qu'ils ne pourront jamais mémoriser et laisser libre usage de la calculatrice. Utiliser, dans la mesure du possible, un traitement de texte avec correcteur d'orthographe. Mettre à disposition un cahier outil reprenant les règles orthographiques.
- Autoriser l'enfant à suivre la lecture sur son livre avec un buvard (la règle tachant les livres).
- Éviter la copie pour les dyslexiques de surface : utiliser les photocopies, vérifier si les devoirs sont bien notés sur l'agenda.
- Surligner les mots repères d'un texte.
- Compte tenu de la faiblesse de la mémoire auditive, multiplier les supports visuels, utiliser une signalétique renforcée : utiliser des codes cou-

leurs pour les différentes matières et les calendriers afin d'améliorer le repérage temporel, laisser dans la classe un affichage du point travaillé, etc.

- En histoire : fournir une frise chronologique (en raison des difficultés d'orientation temporelle).
- Réduire le niveau d'exigence dans l'apprentissage des langues étrangères à l'oral (dyslexie phonologique) et à l'écrit (dyslexie phonologique et dyslexie de surface), voir s'il y a possibilité de supprimer l'apprentissage de la deuxième langue vivante.
- Possibilité d'un tiers-temps pour les examens (Demander un dossier soit auprès de la MDPH, Maison du département pour les personnes handicapées, soit auprès de l'Académie).
- Valoriser les progrès même s'ils sont minimes et que l'enfant reste en dessous du niveau scolaire.
- Si les parents vivent mal l'échec scolaire et les devoirs à la maison demander l'aide d'un tiers (un étudiant par exemple) afin d'assurer la supervision régulière des devoirs et leçons.
- Travailler si possible en partenariat avec l'orthophoniste.

Du fait que le trouble est durable nous ne pourrons que nous adapter à cet enfant et non pas le faire évoluer radicalement. Mais ces mesures permettront à l'enfant de bénéficier des meilleures conditions pour apprendre à son rythme et à sa manière et se développer harmonieusement. Pour mettre en place cette pédagogie, l'enseignant a besoin du soutien de la famille, de l'aide du réseau (s'il y en a un) et d'un partenariat indispensable avec l'orthophoniste et/ou d'autres professionnels spécialisés.

Conclusion

La régularité du développement cognitif de l'enfant a des incidences sur les apprentissages ultérieurs : il existe un continuum entre le langage oral et le langage écrit. Il paraît fondamental d'effectuer des repérages précoces. La difficulté se situe dans la reconnaissance des enfants présentant des troubles.

Nous espérons, par cet ouvrage, avoir défini des recommandations dans l'utilisation d'outils. Nous avons essayé d'informer de l'existence de ces outils et de leurs utilisations en précisant à qui ils s'adressent et comment les utiliser. Chacun devra définir son rôle en ayant une volonté commune : le bien-être de l'enfant.

Les parents, les enseignants mieux informés pourront repérer ce qui ne va pas chez un enfant et comprendre au mieux son fonctionnement. Les médecins scolaires ou les médecins pédiatres ou généralistes, avertis, centraliseront ces informations et orienteront vers un médecin spécialiste ou une profession paramédicale. L'ensemble des bilans réalisés, si nécessaire, par les spécialistes permettront de poser un diagnostic précis. La famille sera associée au travail se jouant autour de son enfant. L'enfant pourra se développer plus harmonieusement dans ce contexte.

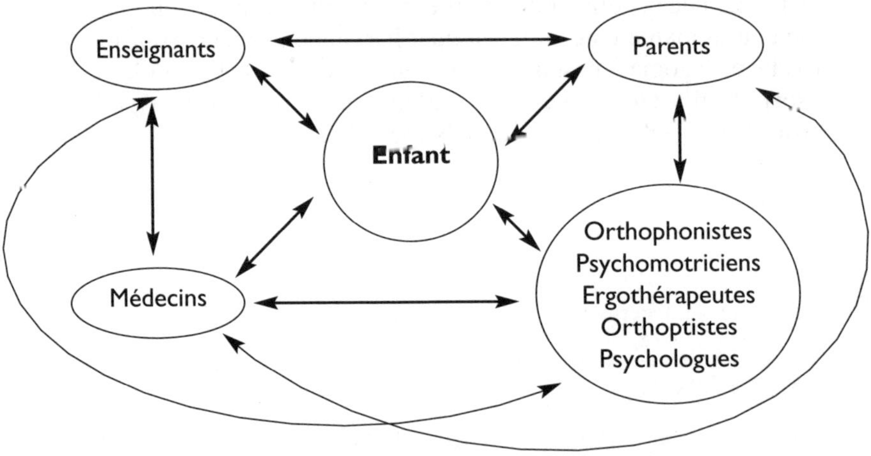

Par cet ouvrage nous souhaitons avoir contribué au partenariat nécessaire entre toutes les personnes intervenant auprès des enfants en difficulté d'apprentissage. Peut-être qu'il suscitera des interrogations auprès des différents interlocuteurs de l'enfant en difficulté et de ce fait, conduira à une réflexion partagée ou à un désir d'accompagner l'enfant, pour aller plus loin, ensemble.

Tests enseignants cités dans l'ouvrage

- Banqu'outils, *www.banqoutils.education.gouv.fr*
- Boehm A., *Test des concepts de base de Boehm, version préscolaire (PS)*, ECPA, Paris, 1990.
- Boehm A., *Test des concepts de base de Boehm révisé (R),* ECPA, Paris, 1989.
- Chevrie-Muller C., *Méthode simple de dépistage : le Questionnaire langage et comportement 3 ans 1/2,* ANAE, Rennes, 1993.
  ↬ Pour se procurer le QLC 3 ans 1/2 : à commander auprès de *la revue :*
  Approche Neuropsychologique des Apprentissages chez l'Enfant
  ANAE
  9 Rue des Carmes - 35000 Rennes
  Tel : 02 99 30 15 00
  Courriel : anae@wanadoo.fr
  Site web : www.anae-revue.com
- *Conscience phonologique : éducation et évaluation,* Langue et communication, La Chenelière/Mot à mot, Paris, 2004.
- Cigale Éditions proposent un certain nombre d'outils pour la maîtrise de la langue : tests et entraînements.
  – Entraînement phonologique pré lecteurs (GS, CP)
  – Entraînement phonologique lecteurs (CP, CE/CM)
  Les éditions de la Cigale- Grenoble
  BP 228 38014 Grenoble cedex 1
  Tel : 04 76 12 95 00
  www.editions-cigale.com
- Coquet F., *DPL3, Dépistage et Prévention du Langage à 3 ans*, Ortho-Édition, Isbergues.
- Girolami-Boulinier A., *Contrôle des aptitudes à la lecture et à l'écriture (CALE)*, ECPA, Paris, 1979.
- Inizan A., *Le temps d'apprendre à lire* (Manuel), Batterie prédictive de l'apprentissage de la lecture – BP (révision 83), ECPA, Paris, 1988.
- Juhel J.Ch., Test d'évaluation du langage oral - *Aider les enfants en difficulté d'apprentissage*, Chronique Sociale, Lyon, 1998.
- Lobrot M., *Batterie d'épreuves pour mesurer la lecture et l'orthographe*/ORLEC/, ECPA, Paris, 1967-1988.

- Ouzoulias A., *MEDIAL : Moniteur pour l'évaluation des difficultés de l'apprenti lecteur*, Retz, Paris, 1998.
- Outils pour enseignants :
  Site web : www.alain.lennuyeux.free.fr
- Zorman M., Jacquier Roux, *Évaluation de la conscience phonologique et entraînement des capacités phonologiques en grande section de maternelle*, Rééducation orthophonique numéro 197, Paris, 1999.
- Zorman M., *BSEDS 5-6 : Bilan de santé, évaluation du développement pour la scolarité 5-6 ans*, Laboratoire Cogni-Sciences, IUFM, Grenoble, 2003.
- Zorman M., *ODÉDYS : Outils de dépistage des dyslexies*, Laboratoire Cogni-Sciences, IUFM, Grenoble, 2002.

Tests médicaux cités dans l'ouvrage

- Agniel A., PEGV, *Protocole Montréal - Toulouse d'évaluation des gnosies visuelles*, Ortho Édition, Isbergues, 1992.
- Agniel A., Joanette Y., Doyon B., Duchein C, PEGA, *Protocole Montréal - Toulouse d'évaluation des gnosies auditives*, Ortho Édition, Isbergues, 1992.
- Albaret J.-M., Migliore L., *Test de Stroop*, ECPA, Paris, 1999.
- Autessere D., EDP 4-8, *Épreuves de discrimination phonémique pour enfants de 4 à 8 ans*, ECPA, Paris, 1988.
- Billard C., BREV, *Batterie rapide d'évaluation des fonctions cognitives*, Edition Kiosque, Paris, 2001.
  Site internet : *www.labrev.com*
- Boehm A., *Test des concepts de base*, ECPA, Paris, 1990.
- Chevrie-Muller C., N-EEL, *Nouvelles épreuves pour l'examen du langage*, ECPA, Paris, 2004.
- Chevrie-Muller C., BEPL, *Batterie d'évaluation psycho linguistique,* ECPA, Paris, 1997.
- Chevrie-Muller C., L2MA, *Batterie langage oral, langage écrit, mémoire, attention*, ECPA, Paris, 1997.
- Coquet F., DPL3, *Dépistage et prévention du langage à 3 ans*, Ortho-Édition, Isbergues, 1997.
- Deltour J.-J., TVAP, *Test de vocabulaire actif et passif*, ECPA, Paris, 1980.
- Deltour J.-J., TCG, *Test de closure grammaticale*, Presse Universitaire, Paris, 1992.
- Dulac A.-M., *Examen des praxies bucco - faciales*, ECPA, Paris.
- Ecalle, TIMÉ 3, *Test d'identification de mots écrits*, Mot à mot Éditions, Paris, 2002.
- Ferrand P., PER 2000, *Protocole d'évaluation rapide*, Ortho-Édition, Isbergues, 2000.
- Fenson et al, *MacArthur communicative inventories : user's guide manual,* San Diego : CA singular publishing group, 1993.
- Girolami-Boulimier A., CALE, *Contrôle des aptitudes à la lecture et à l'écriture,* ECPA, Paris, 1979.

- Jambaqué I., Dellatolas G., *Épreuve de fluence et de dénomination*, ANAE, Rennes, 2000.
- Kern S., *Inventaire français du développement communicatif chez le nourrisson : mots et gestes,* 8-16 mois et 16-30 mois, © Copyright 1999. S. Kern, Laboratoire Dynamique du Langage.
  Institut des Sciences de l'Homme. 14, avenue Berthelot,
  69363 Lyon cedex 07. France.
- Khomsi A., ELO, *Évaluation du langage oral*, ECPA, Paris, 2001.
- Khomsi A., VL*, Vitesse en lecture*, ECPA, Paris, 2005.
- Lecocq P., ÉCOSSE, *Épreuve de compréhension syntaxico - sémantique*, Presse Universitaire du Septentrion, 1996.
- Lefavrais P., *Test de l'Alouette*, ECPA, Paris, 1967.
- Légé Y., Dague P., VOCIM, *Test de vocabulaire en images*, de 3 à 6 ans, ECPA, Paris, 1987.
- Parisse et Soubeyrand, TIPLO, *Test informatisé de perception du langage oral*, à paraître.
- Rey A., *Test de copie d'une figure complexe*, de 4 ans à l'âge adulte, ECPA, Paris, 1960.
- Roy B., Maeder C., ERTL 4, ERTL 6, *Épreuves de repérage des troubles du langage et des apprentissages*, Com-Médic, Vandœuvre, 1999.
  Site internet : *ertl4@com-medic.com*
- Signoret J.L., BEM 144, *Batterie d'efficience mnésique*, Elsevier, 1991.
- Zorman M., *BSEDS 5-6 : Bilan de santé, évaluation du développement pour la scolarité 5 à 6 ans*, Laboratoire Cogni-Sciences, IUFM, Grenoble, 2003.
- *Les outils du Childes :* Base de données et outils du traitement du langage de l'enfant.
  Site internet : *http : //childes.psy.cmu.edu*
- Test ci-dessous de désignation de mots avec associations phonémiques, sémantiques, ou de convenance d'usage.

Désignation avec associations phonémiques, sémantiques, ou de convenance d'usage

On demande la désignation d'une image (nommée ci-dessous) par planche :

↳ Poule

↳ Hache

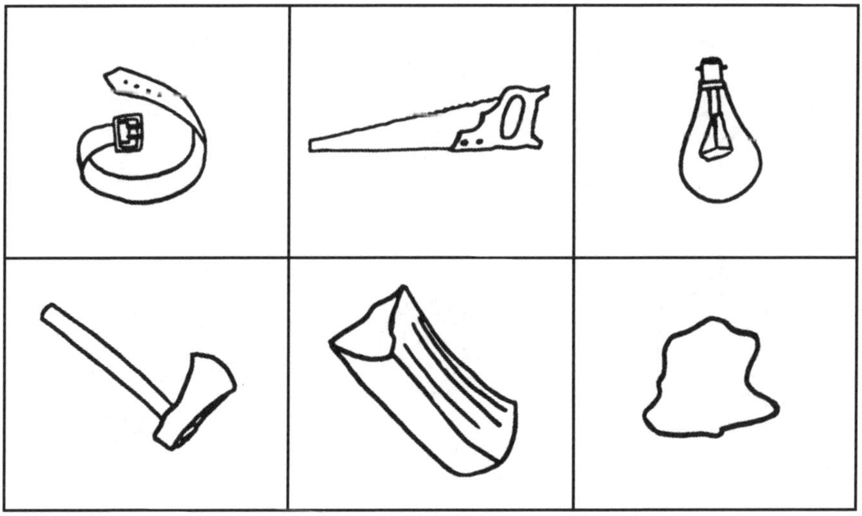

↳ **Gant**

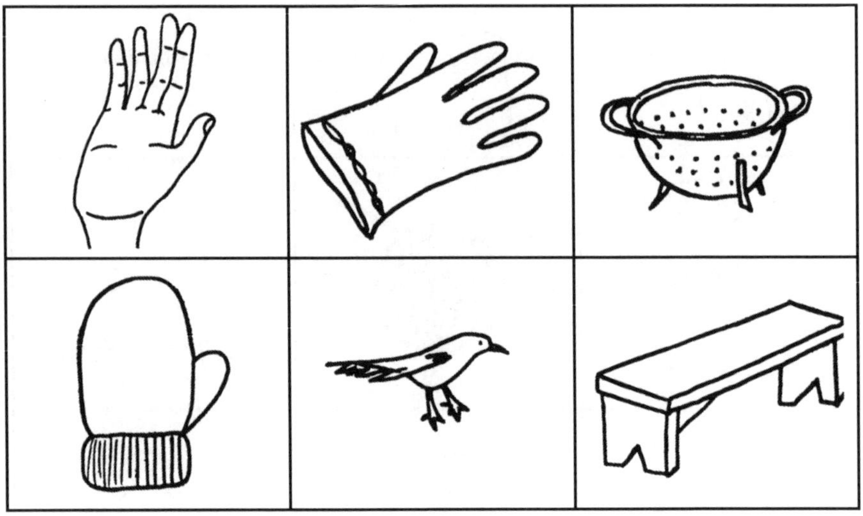

↳ **Mouton**

Marteau

Lapin

Niche

Blé

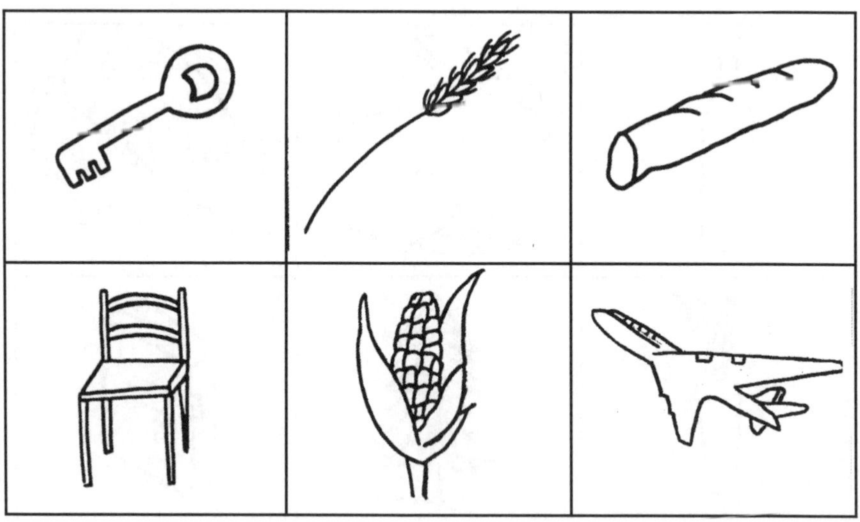

Manteau

Bol

Matériel de rééducation orthophonique cité dans l'ouvrage

Ouvrages

Attention j'écoute, DeGaetano J.G., La Chênelière, Mot à mot.

Combien, Montfort M., Ortho Édition.

Compétence mémoire, Mot à mot.

Conscience phonologique test et rééducation, Solal.

Conscience syntaxique, Gauthier-Delorme M., Ortho Édition.

Conscience phonologique, éducation et évaluation, La Chênelière, Mot à mot.

Contrôle mental et stratégie, Josse C., Pedetti L., Ortho Édition.

De l'image à l'action, DeGaetano J.G., La chênelière, Mot à mot.

Entraînement phonologique, pré-lecteurs, lecteurs, Éditions de la Cigale.

Écouter, comprendre et agir, DeGaetano J.G., La chênelière, Mot à mot.

Gestion de l'implicite, Duchêne A., Ortho Édition.

Histoire de parler, Van Eeckhout P., Ortho Édition.

Le conte et l'apprentissage de la langue, Popet A., Retz.

Le gâteau ou les artisans du langage, Estienne F., Academia-Erasme.

Lecture plus, Mot à mot.

Lexique vivant, Khomsi, ECPA.

L'apprenti lecteur, activités de conscience phonologique, La Chênelière, Mot à mot.

Mémoire de travail, Gatignol P., Ortho Édition.

Mots en forme et en couleur, Court A., Ortho Édition.

Phonorama, programme d'entraînement à la conscience phonologique, Ortho Édition.

Pourquoi, Montfort M., Ortho Édition.

Parler et lire avec les idéo-picto, Solal.

Supports verbaux en orthophonie et Orthopholistes, Célèrier P., Ortho Édition.

Syntax/Pragma, Montfort M., Juarez A., Entha Ediciones, Mot à mot.

Temporel, David C., Ortho Édition.

Trésor de fables, Lionni L., L'école des loisirs.

Une phrase à la fois, La Chênelière, Mot à mot.

Utilisation du conte et de la métaphore, Estienne F., Masson

Jeux

Cluedo, Parker.

Imagier du Père Castor.

Les petits incollables, Ravensburger.

La famille Oukilé, Mot à mot.

Lynx, Éveil et jeux.

Le chaudron de la sorcière, Éveil et jeux.

Mes premières phrases, Méga bleu.

Mimes et compagnie, Éveil et jeux.

Où est Charlie, Handford M.

Qui est-ce ? MB.

Speed, Fnac Junior.

Uno, Mattel.

Logiciels

Adeprio : Concepteur et éditeur de logiciels
5 rue de Moussaux
36000 Châteauroux
Tel : 02 54 34 80 54
Courriel : adepriodif@wanadoo.fr
Site web : www.adeprio.com

Audiolog : Concepteur et éditeur de logiciels

Gérip : Concepteur et éditeur de logiciels
8 rue des prés
95000 Franconville
Tel : 01 34 13 86 14
Ou
3 allée du Grand Chêne
69290 Saint Genis les Ollières
Tel : 04 78 57 41 23
Site web : www.gerip.com

Outils pour orthophonistes

Site web : pro.wanadoo.fr/jerome.grondin/index.htm
Courriel : jerome.grondin@wanadoo.fr

Centres référents en France par régions

▲ ALSACE / LORRAINE

STRASBOURG
Hôpitaux Universitaires de Strasbourg
Centre hospitalier Hautepierre
Consultation pluridisciplinaire des troubles des apprentissages
Service de pédiatrie 1

▲ AQUITAINE

BORDEAUX
CHU Bordeaux
Département de pédiatrie médicale

▲ AUVERGNE

CLERMONT-FERRAND
CHU de Clermont-Ferrand
Service de pédopsychiatrie

▲ BOURGOGNE

DIJON
CHU de Dijon
Service de pédiatrie et génétique médicale

▲ BRETAGNE

RENNES
CHU de Rennes
Unité de médecine physique de réadaptation
Département de médecine de l'enfant et de l'adolescent

BREST
CHU de Brest
Service pédiatrie et génétique médicale

▲ CENTRE

ORLÉANS
CHR Orléans
Département de pédiatrie

TOURS
CHRU Tours
Hôpital Clocheville
Service de neurologie pédiatrique

▲ CHAMPAGNE-ARDENNES

REIMS
CHU Reims
American Memorial Hospital
Service de pédiatrie A

▲ FRANCHE-COMTÉ

BESANÇON
CHU de Besançon
Service de pédiatrie 1-Unité de neurologie pédiatrique

▲ LANGUEDOC-ROUSSILLON

MONTPELLIER
CHU de Montpellier
Hôpital Saint Éloi
Service de neuro-pédiatrie A

▲ LIMOUSIN

LIMOGES
CHU Dupuytren
Département de pédiatrie médicale

▲ LORRAINE

NANCY
CHU Nancy

▲ MIDI-PYRÉNÉES

TOULOUSE
CHU Toulouse
Hôpital des enfants

TARBES
CHIC Tarbes
Service de pédiatrie et néonatologie

▲ NORD-PAS-DE-CALAIS

LILLE
CHRU Lille
Hôpital Roger Salengro
Pôle Neuropédiatrie
Service Pédiatrie CHICL Lille

▲ BASSE NORMANDIE

CAEN
CHU de Caen
Service de pédiatrie B
Service d'ORL

▲ HAUTE NORMANDIE

ROUEN
CHU de Rouen
Hôpital Charles Nicolle
Centre d'éducation fonctionnelle
Service de pédiatrie néonatale et réanimation
Fédération de pédiatrie

LE HAVRE
CH du Havre
Service de pédiatrie

▲ PAYS DE LOIRE

NANTES
CHU Nantes
Hôtel Dieu, Hôpital mère-enfant
Service ORL

▲ PICARDIE

AMIENS
CHU Amiens
Hôpital nord
Unité de neurologie pédiatrique
Antenne psychopathologique enfant et adolescent

▲ PROVENCE ALPES CÔTE D'AZUR

MARSEILLE
CHU Marseille
Hôpital Timone
Service neurologie pédiatrique

NICE
Service de pédiatrie de l'hôpital de l'Archet

▲ POITOU-CHARENTES

POITIERS
CHU de Poitiers
CH Henri Laborit
Intersecteur Sud de psychiatrie de l'enfant et de l'adolescent

▲ RHÔNE-ALPES

LYON
Hospices de Lyon :
- Hôpital Edouard Herriot
  Service d'exploration fonctionnelle-ORL
- Hôpital neurologique Pierre Wertheimer
  Service de neuropsychiatrie de l'enfant
- Centre hospitalier Lyon sud
  Service de pédiatrie/unité de neurologie
- Centre hospitalier Lyon sud
  L'Escale - Service de rééducation fonctionnelle pédiatrique

GRENOBLE
CHU Grenoble
Hôpital de la Tronche
Département de pédiatrie

SAINT-ÉTIENNE
CHU Saint-Étienne
Hôpital nord
Service de réanimation pédiatrique et néonatologie

▲ ILE-DE-FRANCE

SAINTE-ANNE
Unité de psychopathologie de l'enfant et de l'adolescent

BICÊTRE AP-HP
Service de neuropédiatrie

AVICENNE AP-HP
Centre du langage- Service de psychopathologie de l'enfant et l'adolescent

PITIÉ-SALPÉTRIÈRE AP-HP
Service de psychiatrie de l'enfant et l'adolescent

RAYMOND POINCARRÉ AP-HP
Centre de Garches
Service de médecine physique et réadaptation de l'enfant

ROBERT DEBRÉ AP-HP
Service de psychopathologie de l'enfant et l'adolescent

NECKER ENFANTS MALADES AP-HP

COCHIN-SVP-AP-HP

▲ DOM RÉUNION

ASFA
Hôpital d'enfants

Centres référents des pays francophones

▲ EN BELGIQUE

BRUXELLES
Centre Khronos
Rue Tenbosch
13 – 1000 Bruxelles
Tel : 02/ 640 31 17

Hôpital Universitaire des enfants – Reine Fabiola
Unité de psycho pédiatrie
Avenue J.J. Crocq
15 – 1020 Bruxelles
Tel : 02/ 477 31 80

Hôpital Universitaire Erasme
Service de neurologie pédiatrique
Route de Lennik
808 – 1070 Bruxelles
Tel : 02/ 555 37 86

Clinique universitaire Saint Luc
Service de neuropédiatrie
Avenue Hypocrate
10 – 1200 Bruxelles
Tel : 02/ 764 10 62

OTTIGNIES
Centre neurologique William Lennox
Allée de Clerlande
6 – 1340 Ottignies
Tel : 010/ 43 02 11

LOUVAIN-LA-NEUVE
U.C.L. Faculté de psychologie
CPS- Consultations de psychologies spécialisées
Place Cardinal Mercier
10 – 1348 Louvain-La-Neuve
Tel : 010/ 47 30 98

LIÈGE
Centre Hospitalier Régional de le Citadelle
Service de neuropédiatrie
Boulevard du 12e de Ligne
1 – 4000 Liège
Tel : 04/ 225 69 34

Centre neurologique
Rue Louvrex
38 – Liège
Tel : 04/ 223 69 60

MONTEGNÉE
Clinique Saint Joseph asbl
Clinique de l'Espérance
Rue Saint Nicolas
447 – 4420 Montegnée
Tel : 04/ 224 91 22

▲ AU CANADA

MONTRÉAL
Hôpital Sainte-Justine
C.I.S.E
3175 Côte Sainte-Catherine
Montréal (Québec)
H3T 1C5
Tél : (514) 345-4931
Site internet : *www.hsj.qc.ca*

Centre d'évaluation neuropsychologique et d'orientation pédagogique
222 est, Boul. Henri-Bourassa suite 38
Montréal (Québec)
H3L 1B9
Téléphone : (514) 858 6484
Télécopie : (514) 858 6822
Courriel : *cenopfl@cenopfl.com*
Site internet : *www.cenopfl.com*

▲ EN SUISSE

GENÈVE

Enfant de moins de 6 ans :
Service de psychiatrie de l'enfant et de l'adolescent
Chemin des Crêts de Champel 41
1206 Genève

Enfant scolarisé :
Service médico-pédagogique
Boulevard Saint Georges 16-18
1211 Genève 3

Unité de neuropédiatrie
Hôpitaux Universitaires de Genève
Rue Micheli du Crest 24
1211 Genève 14

LAUSANNE

Service Universitaire de Psychiatrie de l'enfant et l'adolescent
Consultation du Bugnon (pour la population résidant à l'est d'une ligne Sauvabelin-Ouchy)
Rue du Bugnon 23 A
1005 Lausanne

Consultation de la Chablière (pour la population résidant à l'ouest d'une ligne Sauvabelin-Ouchy)
Avenue de la Chablière 5
1004 Lausanne

Passerelle (pour la population de l'extrême sud-ouest lausannois, Crissier, Renens, Chavannes)
Avenue de la Gare 34
1022 Chavannes

Unité de Neuropédiatrie
Service de pédiatrie
CHUV
1011 Lausanne

Adresses utiles

▲ ASSOCIATIONS DYSPHASIE

FRANCE

Association avenir dysphasie France
AAD
108 ter Avenue Foch
78100 Saint Germain en Laye
Tel : 01 34 51 28 26
Courriel : *avenir.dysphasie@free.fr*

Association française TADD : Traitement et amélioration des dysphasies de développement et autres troubles du langage
Abbayes de Saint Brice
1 rue saint Martin au Val – Aile D
28000 Chartres
Tel : 02 37 34 20 33
Courriel : *Jean.C.Blanchard@wanadoo.fr*

BELGIQUE

Association de parents d'enfants aphasiques et dysphasiques
APEAD Belgique
Rue de la Vallée 7 à 4287 Lincent
Belgique
Tel : 04 79 24 97 74
Courriel : *apead@skynet.be*
Site internet : *www.dysphasie.be*

QUÉBEC

Association québécoise pour les enfants audimuets et dysphasiques. L'AQEA est subdivisée en treize chapitres régionaux coordonnés par un bureau central :

AQEA provincial
216, avenue Querbes, bureau 235, Outremont
Québec, Canada, H2V 3W2
Tel : (514)495-4118 ou 1-800-495-4118
Courriel : *aqea@aqea.qc.ca*
Site internet : *www.aqea.qc.ca*

SUISSE

Réseau suisse pour la dysphasie
Case postale 419 2022 Bevaix - Suisse
CCP 17-392729-1
Courriel : *info@dysphasie.ch*
Site internet : *www.dysphasie.ch*

▲ ASSOCIATIONS D'ORTHOPHONISTES / LOGOPÈDES

FRANCE

Fédération nationale des orthophonistes
FNO
145 boulevard Magenta
75010 Paris
Tel : 01 40 35 63 75
Courriel : *fno@wanadoo.fr*

Fédération des orthophonistes de France
FOF
36 rue Pablo Neruda
35700 Rennes
Tel : 02 23 20 69 43
Courriel : *F.O.F@wanadoo.fr*

BELGIQUE

Union professionnelle des logopèdes francophones
UPLF
Rue de Louveigné, 92
B-4052 Beaufays
Tel : 04 368 69 24
Site internet : *www.uplf.be*

Québec

Ordre des orthophonistes et audiologistes du Québec
235 Boul. René-Lévesque Est, bureau 601
Montréal (Québec) H2X 1N8
Tel : 514-282
Courriel : *info@ooaq.qc.ca*

Suisse

Association romande des logopédistes diplômés
ARLD
Case postale 23
CH-1033 Cheseaux
Tel : 0041(0)21/732 17 32
Site internet : *www.arld.ch*

Abréviations

AES : Allocation d'éducation spéciale (attribuée aux parents d'enfants handicapés).

AIS : Adaptation et intégration scolaire.

AVS : Auxiliaire de vie scolaire.

CAMSP : Centre d'action médico sociale précoce.

CAS : Contrat d'aménagement scolaire (sous la responsabilité de l'inspecteur de l'éducation nationale).

CAT : Centre d'aide par le travail.

CATTP : Centre d'accueil thérapeutique à temps partiel.

CCPE : Commission de circonscription préélémentaire et élémentaire.

CCSD : Commission de circonscription du second degré.

CDES : Commission départementale de l'éducation spécialisée.

CLAD : Classe d'adaptation primaire.

CLIS : Classe d'intégration scolaire.
CLIS 1 : avec handicap mental et maître spécialisé catégorie D.
CLIS 2 : avec handicap auditif et maître spécialisé catégorie A.
CLIS 3 : avec handicap visuel et maître spécialisé catégorie B.
CLIS 4 : avec handicap moteur et maître spécialisé catégorie C.

CMP : Centre médico pédagogique.

CMPP : Centre médico psycho pédagogique.

CNEFEI : Centre national d'étude et de formation pour l'enfance inadaptée.

COTOREP : Commission technique d'orientation et de reclassement professionnel. (Équivalent de la CDES mais pour les adultes, elle fixe le taux d'invalidité).

DDASS : Direction départementale des affaires sanitaires et sociales.

EREA : Établissements régionaux d'enseignement adapté (avec internat).

HDJ : Hôpital de jour.

IE : Inspecteur d'académie.

IEN : Inspecteur de l'éducation nationale.

IME : Institut médico éducatif.

IMP : Institut médico pédagogique.

IMPro : Institut médico professionnel.

IR : Institut de rééducation.

MDD : Multiplex developmental disorder (= dysharmonie d'évolution, prépsychose).

PAI : Projet d'accueil individualisé.

RASED : Réseau d'aide spécialisée aux élèves en difficulté.

SEGPA : Section d'enseignement général et professionnel adapté.

SESSAD : Service de soins à domicile.

TED : Trouble envahissant du développement (autiste).

THADA : Trouble de l'hyperactivité avec déficit de l'attention.

TOC : Trouble obsessionnel compulsif.

UPI : Unité pédagogique d'intégration.

171

Glossaire
(d'après le dictionnaire d'orthophonie[30])

Articulation : mouvements combinés de la langue, des lèvres, des joues et du voile du palais nécessaires à la réalisation des différents phonèmes.

Conscience phonologique : capacité à identifier, isoler, distinguer et manipuler des syllabes et des phonèmes dans la chaîne parlée.

Cognition : ensemble des représentations et des processus qui réalisent la fonction de connaissance (travail du traitement de l'information par le cerveau).

Dysphasie : perturbation grave du développement du langage touchant durablement à la fois l'expression et la compréhension.

Gnosie : faculté permettant de reconnaître par l'un des sens un objet et de se le représenter.

Graphème : signe écrit correspondant à un phonème de la langue :
Graphème simple : une seule lettre.
Graphème complexe : plusieurs lettres.
Digraphe : deux lettres.

Langage : moyen de communication entre individus, et d'expression de la pensée par un système de signes.

Neuropsychologie : étude de la relation entre différentes structures du cerveau et le comportement ; comportement au sens large : langage, mémoire, attention, dextérité manuelle ; comportement au sens strict : agressivité, impulsivité, inhibition.

Otite séreuse : processus non douloureux et sans infection, entraînant l'accumulation de liquide derrière le tympan, dû à un dysfonctionnement de la trompe d'Eustache, pouvant entraîner une perte d'audition s'il n'est pas diagnostiqué.

Parole : en linguistique, acte volontaire d'expression du sujet parleur.
En orthophonie : niveau d'organisation du langage qui inclut la prosodie et le choix ou l'arrangement des phonèmes de la chaîne parlée selon des règles.

30. F. Brin, *Dictionnaire d'orthophonie*, Ortho Édition, 1997.

Phonème : plus petite unité sonore du langage.

Praxie : coordination normale des mouvements.

Pragmatique : s'intéresse à l'aspect « utilisation » du langage en fonction d'un ou plusieurs interlocuteurs particuliers, à un moment donné, dans un contexte particulier et dans un but précis.

Retard de langage : terme figurant dans la nomenclature des actes d'orthophonie. Désigne chez l'enfant toute pathologie du langage oral qui marque un décalage dans le temps par rapport à l'acquisition de telle ou telle structure ou un écart type par rapport à une structuration dite « normale ».

Retard de parole : terme figurant dans la nomenclature des actes d'orthophonie. Désorganisation de la structure phonétique des mots, anormale après 4 ans.

Trouble d'articulation : terme figurant dans la nomenclature des actes d'orthophonie. Erreur permanente et systématique dans l'exécution du mouvement qu'exige la production d'un phonème.

Troubles visuo-spatiaux : difficulté à discriminer, à reproduire et à se représenter des figures géométriques en deux ou trois dimensions.

En bref, les troubles de l'apprentissage

La dyslexie : le plus connu des troubles d'apprentissage du langage écrit : difficulté à lire rapidement et parfois à comprendre un texte lu.

La dysorthographie : souvent associée à une dyslexie, elle peut cependant exister seule. L'enfant saute des lettres, oublie des syllabes, même s'il recopie un texte.

La dysphasie : trouble sévère du langage oral qui atteint la compréhension et/ou l'expression.

La dysgraphie : dysfonctionnement du graphisme qui n'est pas lié à un problème moteur.

La dyspraxie visuo-spatiale : mauvais fonctionnement cérébral qui touche la vision et le repérage dans l'espace. Il ne s'agit ni d'un retard mental, ni d'un trouble moteur.

La dyscalculie : atteinte de la fonction calculatrice mais aussi, pour certains spécialistes, du raisonnement logico-mathémathique.

Bibliographie

Billard C., *Neuropsychologie de l'enfant*, Solal, Marseille, 2000.

Billard C., *La BREV : une batterie clinique d'évaluation des fonctions cognitives chez les enfants d'âge scolaire et préscolaire*, ANAE, Rennes, 2002.

Billard C., *Troubles spécifiques des Apprentissages, Langage oral*, L'état des connaissances, Signes Édition, 2003.

Brin F. et al., *Dictionnaire d'orthophonie*, Ortho Édition, Isbergues, 1997.

Broca A. de, *Le développement de l'enfant*, Masson, Paris, 2000.

Brunet O., Lézine I., *Échelle de développement psychomoteur de la première enfance*, ECPA, Paris, 2001.

Chevrie-Muller C. et Narbonna J., *Le langage de l'enfant, aspects normaux et pathologiques*, Masson, Paris, 1996.

Chevrie-Muller C., *Les troubles spécifiques du langage oral et écrit*, CD Rom du CNEFEI de Suresnes, 2004.

Chevrie-Muller C., *Dépistage des troubles du langage à 3 ans 1/2*, ANAE, Rennes, 1993.

Chevrie-Muller C., *Le retard d'acquisition du langage : dépistage précoce ou repérage*, ANAE, Rennes, 2002.

Chevrie-Muller C., *Validation d'une méthode de dépistage précoce des troubles du langage*, ANAE, Rennes, 1990.

Constantin-Brémond M.-A., *Un code grapho-labial : le dire-lire*, Masson, Paris, 1994.

Coquet F. et Maêtz B., *Livret 3 ans – 3 ans 1/2*, Ortho Édition, Isbergues, 1996.

Coquet F., *Partenaires de son langage*, Ortho Édition, Isbergues, 1996.

Crunelle D., *Dépister les risques de difficultés scolaires en grande section de maternelle, choix d'épreuves*, Glossa, Paris, 2003.

D'Alboy A., *Dysphasies : définition du concept et techniques de remédiation,* ANAE, Rennes, 2001.

Dellatolas G., Jambaqué I., *Épreuve de fluence et de dénomination – 6 à 14 ans*, ANAE, Rennes, 2000.

Dumont A., *Mémoires et langage*, Masson, Paris, 1998.

Estienne F., *La rééducation du langage de l'enfant*, Masson, Paris, 2002.

Estienne F., *Le gâteau ou les artisans du langage*, Louvain la Neuve, Academia, 1996.

Fenson et all, *MacArthur communicative inventories : user's guide manual,* San Diego : CA singular publishing group, 1993.

Fourneret P., Revol O., *Avant-propos, IIe Journée Scientifique : « Langage oral et dysphasie de développement,* ANAE, Rennes, 2001.

Fourneret P., *Diagnostic différentiel des dysphasies de développement*, ANAE, Rennes, 2001.

Franc S. et Gérard C. L., *Suivi longitudinal d'une population de sujets dysphasiques*, ANAE, Rennes, 1996.

Gérard C.L., *L'enfant dysphasique*, De Boeck, Bruxelles, 2003.

Grégoire J., *L'évaluation clinique de l'intelligence de l'enfant*, Mardaga, Paris, 2000.

Habib M., *Le cerveau singulier*, Solal, Marseille, 1997.

Kern S., *Le compte-rendu parental au service de l'évaluation de la production lexicale des enfants français entre 16 et 30 mois,* Glossa, Paris, 2003.

Kern S., *L'évaluation du langage avant 3 ans,* Laboratoire dynamique du langage, Lyon, 2004.

Larose M., *Stimulation précoce pour les dysphasiques ou les enfants soupçonnés de syndrome dysphasique*, Les actes du premier colloque sur l'audimutité, AQEA, Québec, 1995.

Launay L., *Les troubles du langage, de la parole et de la voix chez l'enfant*, Masson, Paris, 1972.

Lemaire P., *Psychologie cognitive*, De Boeck, Bruxelles, 1999.

Lentin L., *Apprendre à penser, parler, lire, écrire*, ESF, 1998.

Lentin L., *Comment apprendre à parler à l'enfant*, Éditions Sociales françaises, 1973.

Lussier F. et Flessas J., *Neuropsychologie de l'enfant*, Dunod, Paris, 2001.

Marchand M.-H., *Des moyens différents pour communiquer*, Rééducation orthophonique, Paris, 1998.

Mazeau M., *Dysphasies, troubles mnésiques, syndrome frontal chez l'enfant*, Masson, Paris, 1999.

Mazeau M., *Déficits visuo-spatiaux et dyspraxies de l'enfant*, Masson, Paris, 1995.

Miri I., *Échec scolaire, des difficultés de la reconnaissance des troubles aux graves problèmes d'orientation*, Masson, Paris, 2003.

Monfort M. et Juarez A., *L'intervention dans les troubles graves de l'acquisition du langage et les dysphasies développementales*, Ortho Édition, Isbergues, 2001.

Montfort M., *L'esprit des autres*, Ortho Édition, Isbergues, 2001.

Noreau D., Tousignant J.-L., *Audimutité : pédagogie adaptée aux élèves*, Les actes du premier colloque sur l'audimutité, AQEA, Québec, 1995.

Plaza M., *Impact des difficultés précoces de langage sur la conscience phonologique d'enfants scolarisés en grande section de maternelle*, ANAE, Rennes, 1998.

175

Plaza M., *Nouvelle expérience de dépistage des difficultés de langage écrit dans un groupe de 369 enfants scolarisés en fin de CP : une méthodologie plus écologique, la confirmation d'un modèle plurimodal*, Glossa, Paris, 2003.

Revol O., *L'enfant dysphasique et l'école*, ANAE, Rennes, 2001.

Ringard J.Ch., *Plan d'action pour les enfants atteints d'un trouble du langage*, Paris, 2001.

Rondal J.A., *Troubles du langage*, Mardaga, Paris, 2000.

Rossetti L., *The Rossetti infant toddler language scale*, East Moline, Illinois, LinguiSystem Inc, 1990. (D'après M. T. Lenormand).

Roy B., Alla F., *ERTL4 et ERTLA6 : Des outils de repérage des troubles du langage et des apprentissages à l'usage des médecins*, ANAE, Rennes, 2002.

Sadek-Khalil D., *Quatre cours sur le langage*, Papyrus, Montreuil, 1990.

Schopler E., *PER, Profil psycho éducatif révisé*, De Boeck, Bruxelles, 2002.

Senterre H., *Compétence parentale : besoins de l'enfant audimuet et rôle des parents*, Les actes du premier colloque sur l'audimutité, AQEA, Québec, 1995.

Silva P.A., *The prevallence, stability and significance,of developmental delay pre-school children*, Devel.Med. Child Neurology, 1980.

Thierry P., *Dépistage des difficultés d'apprentissage en troisième maternelle*, ANAE, Rennes, 1996.

Touzin M., *La rééducation des dysphasiques*, Glossa 30, 40-43, Paris, 1992.

Thomas J. et Willems G., *Troubles de l'attention, impulsivité et hyperactivité chez l'enfant*, Approche neurocognitive, Masson, Paris, 1997.

Vaivre-Douret L., *Précis théorique et pratique du développement moteur du jeune enfant, Développement fonctionnel moteur de 0 à 48 mois*, ECPA, Paris, 1999.

Vexiau A.M., *Parents d'autistes : boucs émissaires ou partenaires*, Actes du congrès FNO de La Baule, 1994.

Vinter S., *Dépistage précoce des troubles du langage : le développement phonologique de la naissance à deux ans*, 2001, Les troubles spécifiques du langage oral et écrit, CD Rom du CNEFEI de Suresnes, 2004.

Vinter S., *Babillages et développement du langage*, Ortho – magazine 36: 18-21, Paris, 2001.

Zorman M., *BSEDS 5-6 : un dépistage des difficultés de langage oral et des risques de développer une dyslexie qui ne fait pas l'économie de la réflexion clinique*, ANAE, Rennes, 2002.